Le lexique anglais

pour les nuls

Le lexique anglais

pour les nuls

Brigitte Lallement
Nathalie Pierret

FIRST
ÉDITIONS

Le lexique anglais pour les Nuls

ISBN : 978-2-7540-2243-9
Dépôt légal : mars 2011 – N° d'impression : H21/61312N

Imprimé en France en septembre 2021 – Imprimerie Maury S. A. S. (12)

Édition : Benjamin Ducher
Correction : Christine Cameau
Mise en page et couverture : KN Conception
Production : Emmanuelle Clément

Éditions First
92, avenue de France
75013 Paris – France
Tél. : 01 44 16 09 00
Fax : 01 44 16 09 01
Internet : www.editionsfirst.fr
www.pourlesnuls.fr

Sommaire

Introduction

L'anglais n'est pas la langue la plus employée dans le monde (privilège détenu par le mandarin) mais elle est incontestablement celle qui est la plus utilisée dans les échanges internationaux, que ce soit dans un contexte touristique ou dans le cadre du travail.

Nous sommes nombreux à avoir besoin ou envie de nous remettre à l'anglais. Beaucoup d'entre nous ont fait de l'anglais dans un passé plus ou moins lointain sur les bancs du collège ou du lycée... mais plusieurs années après, que nous reste-il ?

« Je ne sais plus rien, j'ai tout oublié », entend-on souvent. C'est à la fois vrai et totalement faux. Il y a fort à parier que de nombreuses connaissances sont enfouies bien loin dans votre mémoire mais qu'elles ne demandent qu'à réapparaître, pour peu que vous les aidiez à ressurgir. Vous aurez besoin de quelques efforts sur une durée suffisamment conséquente pour réactiver ce que vous aviez appris ou élargir votre vocabulaire que vous trouvez trop pauvre. Mais quelle récompense quand vous vous rendrez compte que vous lisez les magazines en anglais sans difficulté ou que vous parvenez à communiquer avec vos hôtes ou vos visiteurs.

À propos de ce livre

Le lexique anglais pour les Nuls est destiné à vous permettre d'apprendre ou de réviser tranquillement chez vous, par exemple pour préparer un examen, un voyage ou une mission à l'étranger, pour vous préparer à recevoir des hôtes anglophones, etc. Mais vous pourrez aussi l'emmener partout avec vous et, dans nombre de situations, vous trouverez les réponses aux questions que vous vous posez.

Nous ne sommes certes pas exhaustifs, mais nous avons tenté de répondre aux besoins les plus fréquents dans les situations de communication quotidiennes.

Organisation du livre en chapitres

Le livre est divisé en treize chapitres thématiques, chacun consacré à un champ ou thème lié aux différents aspects de notre vie sociale. Vous y trouverez les mots pour parler de la société, de notre environnement social et naturel, de nos loisirs et de notre vie culturelle.

À l'intérieur de chaque grand chapitre, les différents aspects font l'objet de listes que vous pourrez croiser à loisir pour prendre en compte les situations dont vous souhaitez vous entretenir.

En tête de chaque chapitre, une citation d'un auteur connu ou inconnu apporte un trait d'humour, une réflexion de sagesse ou une anecdote un peu pittoresque.

Conventions utilisées dans le livre

Pour que ce livre soit facile à utiliser, nous avons adopté quelques conventions.

- Toutes les listes sont rangées par ordre alphabétique pour un repérage facile.
- Nous partons toujours du français pour donner la traduction à droite.
- Les mots et phrases en anglais sont écrits en **gras** pour les faire ressortir.
- La traduction française des phrases et termes anglais se trouve en *italiques* et entre parenthèses.
- Dans chaque mot anglais de plusieurs syllabes, nous avons indiqué en **gras** la voyelle accentuée.

Notez que, chaque langue ayant sa propre façon d'exprimer ses idées, nos traductions ne sont pas forcément littérales. Notre objectif est de vous faire comprendre le sens d'une phrase et non la signification de chaque mot qui la compose.

Les icônes utilisées dans le livre

Des icônes figurent dans la marge gauche du livre. Elles attirent l'attention sur les informations dont le contenu facilitera vos progrès ou satisfera votre curiosité. Voici la signification de chacune d'elles.

ATTENTION ! Mise en garde contre les pièges de toutes sortes que tend la langue anglaise aux francophones, et notamment les faux amis ;

N'OUBLIEZ PAS ! Pense-bête relatif à l'explication d'un mot ou à des expressions idiomatiques.

POINT DE GRAMMAIRE Question grammaticale mentionnée en passant.

INFO CULTURELLE Informations sur des comportements culturels, habitudes, institutions, caractères ou ressources spécifiques d'un pays anglophone.

À qui s'adresse ce livre

Cet ouvrage a été rédigé à partir des hypothèses suivantes sur vos attentes en tant que lecteur potentiel.

- Vous débutez votre apprentissage de l'anglais et vous souhaitez enrichir votre vocabulaire rapidement.
- Vous avez appris un peu d'anglais et vous aimeriez vous en servir, mais vous n'en avez jamais eu l'occasion. Vous souhaitez vous y préparer.
- Vous avez étudié l'anglais sérieusement, mais il y a longtemps, vous craignez d'avoir beaucoup oublié, et vous manquez d'expérience de la langue.

- Vos connaissances générales de l'anglais sont assez solides, mais vous avez besoin d'une rapide révision de l'essentiel du vocabulaire en vue d'une utilisation prochaine en pays anglophone.
- Vous manquez de temps pour consolider ou rafraîchir vos connaissances de l'anglais car vous êtes très occupé par ailleurs, mais vous aimeriez pouvoir lire l'anglais sans difficulté ou communiquer en anglais. Vous recherchez l'essentiel sous une forme compacte.

Si vous vous reconnaissez dans cette description, ce livre vous ira comme un gant.

Et maintenant, par où commencer ?

Un chapitre introductif vous explique les particularités de la prononciation de l'anglais – langue phonétiquement tellement différente du français ! Nous vous recommandons de lire ce chapitre avec attention et de vous entraîner – chez vous – à prononcer les mots et énoncés donnés en exemple.

Pour le reste, chaque chapitre étant focalisé sur une thématique concrète indépendante de celles des autres chapitres, vous n'avez aucune raison de lire le livre comme s'il s'agissait d'un roman, si ce n'est le souci de tout lire.

Mais surtout, placez le livre sur votre table de chevet ; ouvrez-le souvent, même pour un temps très court. Et mettez-le dans vos bagages pour le consulter pendant vos déplacements et vos séjours en pays de langue anglaise. Il vous fera gagner du temps et contribuera à votre bien-être.

Bon courage !

Prononcer l'anglais

Quelle panique !

Pourquoi les Anglais ne prononcent-ils pas comme nous ? Pourquoi ne prononcent-ils pas comme ils écrivent ? Tous les Français qui apprennent l'anglais se posent un jour ou l'autre ces questions, pris de panique devant quelqu'un qui parle une langue dans laquelle ils ne reconnaissent même pas les mots qu'ils sauraient pourtant lire sans difficulté.

Les bonnes excuses

Les Français ont bien des excuses ! Disons, au moins trois :

- L'anglais possède vingt-deux sons vocaliques (deux fois plus que le français !) alors que l'alphabet latin que nous partageons ne comporte que six lettres dites « voyelles ».
- Les Anglais ont un système d'accentuation très fort – accent de mot et accent de phrase – qui n'a pas d'équivalent en français. On n'entend pas toutes les syllabes en anglais ; c'est normal, puisque les Anglais ne prononcent pas toutes les syllabes !
- Et puis, « ils parlent vite », entend-on. Cela n'est pas forcément vrai, mais c'est l'impression que nous avons.

Pourquoi se donner du mal ?

Pour apprendre à mieux comprendre l'anglais oral, la meilleure solution est d'apprendre à imiter leur accent. Quand on sait produire un son, on le reconnaît. Quand on sait jouer avec l'intonation et l'accentuation, on en comprend les mécanismes, et donc on reconnaît les mots et les phrases et on arrive à leur faire prendre sens.

Si nous vous invitons à mieux prononcer l'anglais, c'est surtout pour vous aider à mieux le comprendre – et aussi, bien sûr pour mieux vous faire comprendre.

Pour commencer, livrons-nous à un petit jeu : lisons ce début de chapitre avec un fort accent anglais – comme pour se moquer d'eux – et observons comment nous faisons.

Les sons : les voyelles

Commençons par nous concentrer sur les différences entre les sons de l'anglais et les sons du français. C'est dans le domaine des voyelles que les différences sont les plus importantes. Les voyelles anglaises présentent toutes des différences plus ou moins marquées avec les voyelles françaises qui leur sont proches.

Quand on désire savoir comment prononcer un mot, le dictionnaire est une aide efficace ; à condition de connaître les signes qui symbolisent les sons.

Les voyelles simples

Les voyelles se répartissent en deux groupes : les voyelles dites « longues » ou « tendues », que l'on reconnaît par le signe [:] qui suit leur symbole et les voyelles dites « brèves » ou « non tendues » qui n'ont pas ce signe.

Le son de "sit"

Le son anglais de "sit" est plus à l'avant que le son français de "site". Il est plus court et moins tendu, et se rapproche du "è". Les lèvres s'entrouvrent à peine. Exerçons-nous à comparer **tick** et *tique* (on prononce presque comme le bois de *teck*).

Le son "tea"

Il est beaucoup plus à l'arrière que le son français de *type* et beaucoup plus tendu. Les lèvres fournissent un effort et s'étirent vers les oreilles. C'est pour cela que l'on vous recommande de prononcer le mot **cheese** pour avoir un joli sourire lorsque l'on vous prend en photo. Exerçons-nous à comparer aussi **mean** et *mine* ou **bean** et *bine*.

Le son de "vet"

Relativement proche du son français de *bête* ou *belle* ; juste un peu plus bref. Exerçons-nous à faire la différence entre *bête* et **bet** et à prononcer **I met the vet at Ben's**.

Le son de "cat"

Situé entre le "a" et le "è" du français – mais plus près du "è". Prononcez "a" en pensant à "è" – un peu comme quand on est vraiment dégoûté ! Exerçons-nous à prononcer **I'm bad at maths!**

Le son de "bar"

Très en arrière, dans le fond de la gorge. Entre le "a" et le *oh !* que l'on prononce quand on est choqué. Exerçons-nous à faire la différence entre *barre* et **bar** ou entre *quart* et **car** ou à prononcer **This is Barbara's car**.

Le son de "bush"

Beaucoup moins tendu, plus en avant et plus bref que le son français de *boule*. Exerçons-nous à faire la différence entre *boule* et **bull** ou à prononcer **I took a book**.

Le son de "moon"

Plus en arrière que le son français de *boule*. Les lèvres se tirent en avant comme dans un moment de surprise amusée. Exerçons-nous à faire la différence entre *coule* et **cool** – presque comme une tourterelle qui roucoule – ou à prononcer **The moon was blue**.

Le son de "pot"

Court, très détendu, plus ouvert que le "o", un peu comme quand on prononce *bof*.

Exerçons-nous à prononcer **a pot of hot coffee**.

Le son de "door"

Très en arrière, très profond dans la gorge, un peu comme on prononce *oh !* quand on est vraiment choqué.

Exerçons-nous à faire la différence entre *dort* et **door** ou à prononcer **There are four doors**.

Le son de "cut"

Beaucoup moins tendu que le son français de *rue*, entre **kit** et **pot**. Au milieu de la bouche.

Exerçons-nous à faire la différence entre *but* et **but** ou entre *culte* et **cult** ou à prononcer **The sun was dull**.

Le son de "bird"

Très ouvert, beaucoup moins tendu que le français du mot *nœud*, plus proche du mot *cœur*. Les lèvres restent relâchées.

Exerçons-nous à faire la différence entre *terme* et **term** ou à prononcer **Turn around Sir**.

Le son de "again"

Voici une voyelle que, par définition, on n'entend presque pas ! Cette voyelle neutre n'existe que dans les syllabes inaccentuées des mots de plusieurs syllabes, comme **tradition, attention, children**. Elle n'existe pas dans les mots d'une syllabe. Elle est très fréquente pour la forme faible des mots grammaticaux.

Les diphtongues

Comme leur nom l'indique, les diphtongues sont composées de deux sons vocaliques. Le français a aussi des diphtongues, comme dans les mots *veille* ou *maille* mais la différence est qu'en anglais, on accentue très fortement la première voyelle et on « glisse » sur la seconde – tandis qu'en français, les deux sons vocaliques sont plutôt équivalents. Exerçons-nous à comparer **my** et *maille*.

Le son de "by"

Mais aussi : **lie – my**

Le son de "mail"

Mais aussi : **tale – tame**

Le son de "cow"

Mais aussi : **town – clown**

Le son de "boy"

Mais aussi : **toy – coin**

Le son de "cold"

Mais aussi : **sold – blow – so**

Le son de "beer"

Mais aussi : **clear – dear**

Le son de "pair"

Mais aussi : **care – rare**

Le son de "poor"

Mais aussi : **tour – tourist**

Les sons : les consonnes

Il y a moins de problèmes dans le domaine des consonnes car, même si vous estropiez un peu les consonnes, vous avez de bonnes chances d'être compris – et il y a même des Anglais pour trouver adorable d'entendre (Ze dort) pour **The door**…

Quand même, quelques consonnes difficiles à prononcer pour les Français méritent toute votre attention.

Le "th"

Cette consonne typiquement anglaise – et très courante – n'a pas d'équivalent en français. Elle ne ressemble surtout pas au "z" ou au "s" mais se situe plutôt vers le "f" ou le "v". Pour la prononcer correctement, vous devez avoir l'impression d'avoir un cheveu sur la langue : insérez la langue entre les dents pour empêcher l'air de passer.

Cette consonne correspond à deux sons :

- Le son sourd : **third – think – through**
- Le son sonore : **there – this – then – they**

Le "r"

Le "r" anglais ne ressemble pas du tout au "r" français, mais il se rapproche un peu de la prononciation française du "w". Le son ne se situe pas dans la gorge mais plus en avant de la bouche. Il faut arrondir les lèvres et retrousser le bout de la langue.

Exerçons-nous à contraster **rat** et *rate*, ou à prononcer **rhum** à l'anglaise, ou encore à prononcer **There's a red rose**.

Le "h" expiré

Voilà une consonne difficile : les Français ont une fâcheuse tendance à l'oublier quand elle existe et à en mettre là où il n'en faut pas !

Le plus souvent en position initiale, elle ressemble un peu au "h" aspiré du français mais il faut expirer. Placez la main devant votre bouche, vous devez sentir l'air – ou, mieux, placez un miroir et vérifiez qu'il s'embue.

Exerçons-nous à prononcer **hot and high** ou **a heavy head**.

Le "ch" et le "sh"

Tandis que les lettres "sh" correspondent exactement au "ch" français, les lettres "ch" en anglais se prononcent comme dans *atchoum*. Il faut bien respecter cette règle pour ne pas confondre certains mots, comme **sheep** et **cheap** ou **ship** et **chip**, ou encore **shop** et **chop**.

Rythme, accentuation, intonation

On a longtemps cru qu'il suffisait de bien préciser la valeur des sons pour bien parler anglais… Mais cela ne suffit pas ! Il faut aussi s'entraîner à intégrer correctement ces sons dans les mots ou dans les phrases pour se rapprocher de l'authentique et, par la même occasion, mieux reconnaître les mots à l'oral.

Le français ne comporte ni accent de mot – on prononce toutes les syllabes avec une intensité relativement identique – ni accent de phrase, sauf dans les cas où on exprime la surprise, l'insistance, l'interrogation, etc. Un léger accent porte naturellement sur la fin de la phrase.

En anglais, en revanche, on accentue très fortement certaines parties des mots ou des phrases et très faiblement d'autres parties.

L'accent de mot

Tous les mots de plus d'une syllabe comportent une syllabe nettement accentuée. Dans les listes de mots de cet ouvrage, nous avons indiqué l'accent en mettant en gras la voyelle accentuée.

Le déplacement de l'accent de mot peut rendre votre propos incompréhensible pour un anglophone.

Exerçons-nous à prononcer les mots suivants en accentuant fortement les syllabes signalées en gras : A**me**rica – tra**di**tion – **cul**ture – i**ma**gine – gene**ra**tion – **in**fluence – es**sen**tial – **ins**trument – **vi**olence

Rythme et accent de phrase

Le rythme spécifique de l'anglais vient de la succession de mots accentués – auxquels on accorde du temps et, surtout, de l'énergie – et de mots inaccentués sur lesquels on « glisse », au point qu'on les devine plus qu'on ne les entend.

Les mots accentués

À l'intérieur d'une phrase, le ou les mots importants sont plus accentués que les autres.

Par exemple, en l'absence de mise en valeur particulière, il y a un seul mot très accentué dans cette phrase : *This is even* ***bet****ter than I thought.*

Les mots grammaticaux

De nombreux mots grammaticaux sont normalement inaccentués : les auxiliaires – qui ont une « forme faible » – les prépositions, les articles, les pronoms, les adjectifs possessifs, etc.

- *He's been with us for* ***ten years***, ou : *He* ***takes*** *us into the* ***freez****ing* ***outdoors*** *to see the* ***beau****ty of the* ***night****.*

Cas particuliers

Comme en français, la place de l'accent principal peut varier selon ce que l'on veut dire. Elle fait sens.

- Si on accentue **she** dans la phrase **She did it**, celle-ci signifie *C'est elle qui l'a fait.*
- Si on accentue fortement **did** dans la phrase **She did it**, celle-ci signifie *Elle l'a vraiment fait.*

L'intonation

L'intonation normale de l'anglais est descendante. Elle n'est pas facile à reproduire, car elle implique que l'on s'affirme, ce qui est parfois difficile dans une langue que l'on ne possède pas complètement.

Exerçons-nous à répéter n'importe quelle phrase courte en prenant soin de baisser la voix à la fin. Par exemple, **I'll call Jennifer tomorrow**.

L'intonation montante invite votre interlocuteur à réagir par une réponse ou une confirmation. Par exemple : **Are you sure it's interesting?** Dans cette dernière phrase, la voix baisse jusque **in(teresting)** puis remonte nettement sur les autres syllabes de **interesting**.

Écrire et prononcer

Plusieurs prononciations pour une même écriture

Une même voyelle peut se prononcer de façons différentes :

- Le “a”, comme dans les mots **about, cat, ball, late**.
- Le “e”, qui est long dans **Pete**, mais bref dans **pet**.
- Le “i”, qui se prononce différemment dans **live**, *vivre*, et **life**, *vie*.
- Le “o”, prononcé différemment dans **sorry**, dans **word** et dans **go**.
- Le “u”, qui peut être une voyelle brève dans **put**, ou **but**, mais aussi une diphtongue dans **uniform**.

Les associations de lettres

- “ie” : **die, friend, believe**
- “ei” : **rein, height, receive**
- “ea” : **eat, head, great**
- “ou” : **our, couple, soup**
- “oo” : **cool, blood**
- “au” : **cause, laugh**

Chapitre 1

Quelques utilitaires

Well, if I called the wrong number, why did you answer the phone?

Mais, si je me suis trompé de numéro, comment se fait-il que vous ayez répondu au téléphone ?

James Thuber

Impossible de ne pas savoir comment combiner les chiffres pour en faire des nombres… Et il faut savoir utiliser ces nombres pour tout mesurer – les quantités, et surtout le temps : comment donner une date, une heure pour fixer un rendez-vous, indiquer une durée, etc.

Les chiffres et les nombres/ Figures and numbers

ATTENTION !

En anglais, on fait la distinction entre le temps chronologique, **time**, et le temps qu'il fait, **weather**.

De 1 à 19	From 1 to 19
un / premier	one / first
deux / second	two / second
trois / troisième	three / third
quatre / quatrième	four / fourth
cinq / cinquième	five / fifth
six / sixième	six / sixth
sept / septième	seven / seventh
huit / huitième	eight / eighth

neuf / neuvième	nine / ninth
dix / dixième	ten / tenth
onze / onzième	el**e**ven / el**e**venth
douze / douzième	twelve / twelfth
treize / treizième	th**i**rteen / thirt**ee**nth
quatorze / quatorzième	f**ou**rteen / fourt**ee**nth
quinze / quinzième	f**i**fteen / fift**ee**nth
seize / seizième	s**i**xteen / sixt**ee**nth
dix-sept / dix-septième	s**e**venteen / sevent**ee**nth
dix-huit / dix-huitième	**ei**ghteen / eight**ee**nth
dix-neuf / dix-neuvième	n**i**neteen / ninet**ee**nth

Le zéro

Zéro se dit **nought** en anglais (en américain **zero**). Il se lit comme la lettre « o » dans les numéros de téléphone, les numéros de bus et de chambre d'hôtel.

Les nombres ordinaux

D'une manière générale, ils se forment en ajoutant une terminaison **-th** au nombre cardinal.

On les écrit ainsi en abrégé : **4th, 5th, 6th**, etc.

Exceptions : 1, 2 et 3 (ainsi que tous les nombres se terminant par ces chiffres).

On les écrit ainsi en abrégé : **1st, 2nd, 3rd**.

Les rois et les reines

On utilise les nombres ordinaux pour les rois et les reines.

Henry II se lit **Henry the second**.

Les dizaines	Tens
vingt	twenty
trente	thirty
quarante	forty
cinquante	fifty
soixante	sixty
soixante-dix	seventy
quatre-vingts	eighty
quatre-vingt-dix	ninety

Les nombres ordinaux

On remplace la terminaison **-y** par **-ieth**.

The fortieth : the 40th.
The ninetieth : the 90th.

Les nombres composés	Compound numbers
vingt et un	twenty-one
trente-deux	thirty-two
quarante-trois	forty-three
cinquante-quatre	fifty-four
soixante-cinq	sixty-five
soixante-seize	seventy-six
quatre-vingt-sept	eighty-seven
quatre-vingt-dix-huit	ninety-eight

Entre les dizaines et les unités

On met un trait d'union entre les dizaines et les unités.

Les centaines, les milliers, les millions	Hundreds, thousands, millions
cent	one hundred
cent un	one hundred and one
cent quarante-trois	one hundred and forty-three
deux cents	two hundred
trois cents	three hundred
trente millions	thirty million

Un -s ou pas d'-s ?

Les mots **hundred, thousand** et **million** ne prennent pas de **-s** dans un nombre.

- **There were three thousand people.**
  Il y avait trois mille personnes.

En revanche, ils peuvent prendre un **-s** quand ils sont utilisés comme noms (centaine, millier, million).

- **There were thousands of people.**
  Il y avait des centaines de personnes.

Entre les centaines et les dizaines

En anglais britannique, on insère **and** entre les centaines et les dizaines, ce que ne font pas les Américains.

- **two hundred and thirty** (GB)
  deux cent trente
- **two hundred thirty** (US)

Entre les milliers et les centaines

Lorsque l'on écrit en chiffres, une virgule sépare les milliers des centaines (au lieu du point en français).

three thousand, six hundred and fifty-two/3.652
trois mille six cent cinquante-deux

Les décimales

Les décimales sont précédées d'un point qui se prononce.

Deux et demi s'écrit **2.50** et se prononce **two point five**.

Une expression imagée

- **I feel like a million dollars !**
  Je me sens super bien !

Les quantités et les mesures/ Quantities and measurements

The more you read, the more things you will know. The more you learn, the more places you'll go.

Plus on lit plus on sait de choses. Plus on apprend, plus on voyage.

De tout à rien	From all to nothing
tout / toute / tous (les)	all (the)
tout le / toute la	the whole
tout	**e**verything
tout le monde	**e**verybody
chaque	every, each
la plupart de / des	most
trop de	too much, too many
beaucoup de	m**a**ny, much, pl**e**nty of, lots of
assez	en**ou**gh
un peu de	a little, a few
peu de	little, few
trop peu de	too little, too few
pas de	no, not any
aucun (pronom)	none
rien	n**o**thing
personne	n**o**body

Much / many, little / few

Much, *beaucoup de*, et **little**, *peu de*, s'emploient devant les noms au singulier.

Many, *beaucoup de*, et **few**, *peu de*, s'emploient devant les noms au pluriel.

- **I have many friends but I don't have much time to see them.**
  J'ai beaucoup d'amis mais je n'ai pas beaucoup de temps pour les voir.

Every

Ce mot, suivi d'un singulier, signifie *chaque*, mais on le traduit souvent par *tous les* avec un pluriel :

- **Every day.**
  Tous les jours.
- **Everybody.**
  Tout le monde.

Un proverbe yiddish

- **Many complain of their looks, but none of their brains.**
  Nombreux sont les gens qui se plaignent de leur physique, mais aucun ne se plaint de son intelligence.

Autres expressions	Other expressions
à peine	h**a**rdly
augmenter	rise
augmenter quelque chose	incr**ea**se, raise something
diminuer (de)	decr**ea**se (by)
diminuer, chuter	drop
manquer de	lack
monter en flèche	r**o**cket
nombreux	numerous
peu abondant	scarce
pour cent	perc**e**nt
quantité	am**ou**nt
réduction	red**u**ction
réduction (prix)	disc**ou**nt
réduire	red**u**ce, cut
seulement	**o**nly

Rise est un verbe intransitif. Il ne peut avoir de complément.

Raise est un verbe transitif. Il a besoin d'un complément.

- **Prices have rise / increased by ten per cent.**
  Les prix ont augmenté de dix pour cent.

- **They have raised / increased the prices by ten per cent.**
  Ils ont augmenté les prix de dix pour cent.

Je le connais à peine !

N'OUBLIEZ PAS !

On traduit souvent l'expression **I hardly know him** par *Je ne le connais presque pas.*

La longueur	Length
pouce (2,54 cm)	inch
pied (30,48 cm)	foot
yard (91 cm)	yard
mile (1 609 m)	mile
mètre	m**e**ter
kilomètre	kil**o**meter
centimètre	centim**e**ter
millimètre	millim**e**ter

Le poids	Weight
once (28,3 g)	ounce
livre (453 g)	pound
stone (6,35 kg)	stone
tonne (1 016 kg)	ton
gramme	gram
kilogramme	k**i**logram

La capacité	Capacity
demi-pinte (0,28 l)	half pint
pinte (*UK* 0,57 l – *US* 0,47 l)	pint
gallon (*UK* 3,67 l – *US* 3,8 l)	g**a**llon
litre	l**i**ter

Le mot utile au pub

- **I'd like a pint of lager, please.**
  Je voudrais un demi de bière blonde.

Le mot utile à la station-service

- **Ten gallons of petrol, please.**
  Trente-sept litres d'essence, s'il vous plaît.

Le temps/Time

Time is free, but it's priceless. You can't own it, but you can lose it. You can't keep it, but you can spend it. Once you've lost it, you can never get it back.

Le temps est gratuit, mais il est sans prix. On ne le possède pas, mais on peut le perdre. On ne le garde pas, mais on peut le dépenser. Et quand on l'a perdu, on ne le retrouve jamais.

Harvey MacKay

Le contrôle du temps	Time control
à l'heure	on time
chronomètre	stopwatch
durer	last
gagner du temps	save time
horloge	clock
le meilleur moment	the best time
montre	watch
passer du temps	spend time
perdre du temps	waste, lose time
perte de temps	waste of time
réveil	alarm clock
sonner (réveil)	ring

Il était une fois

Le début traditionnel de tous les contes de l'enfance :

- **Once upon a time.**

On s'amuse

- **He had a great time.**
  Il s'est bien amusé.

Mesurer le temps	Measuring time
seconde	second
minute	minute
heure	hour
jour	day
semaine	week
la semaine prochaine	next week
quinzaine	fortnight
mois	month
trimestre	term
saison	season
semestre	semester
année	year
siècle	century
millénaire	millenium
fuseau horaire	time zone
heure locale	local time
mensuel	monthly
annuel	yearly
quotidien	daily

La semaine passée ou à venir

- **This time next week.**
  La semaine prochaine à la même heure.
- **In a week.**
  Dans une semaine.
- **See you in two weeks' time.**
  À dans deux semaines.
- **A week ago.**
  Il y a une semaine.

Le jour et la nuit	Day and night
lever du soleil	s**un**rise
coucher du soleil	s**un**set
matin	m**o**rning
après-midi	**a**fternoon
soir	**e**vening
nuit	night
aube	dawn
midi	noon, m**i**dday

Quelle journée !

En anglais, on dit **What a day!**, ou encore :

- **Let's call it a day!**
  Ça suffit pour aujourd'hui !

La date	The date
dimanche	S**un**day
lundi	M**o**nday
mardi	T**ue**sday
mercredi	W**e**dnesday
jeudi	Th**ur**sday
vendredi	Fr**i**day
samedi	S**a**turday
janvier	J**a**nuary
février	F**e**bruary
mars	March
avril	**A**pril
mai	May
juin	June
juillet	July
août	**Au**gust
septembre	September
octobre	Oct**o**ber
novembre	Nov**e**mber
décembre	Dec**e**mber
printemps	spring

été	s**u**mmer
automne	**au**tumn (US fall)
hiver	w**i**nter
aujourd'hui	tod**ay**
hier	y**e**sterday
demain	tom**o**rrow

Les jours de la semaine

Tandis que les Français commencent la semaine le lundi, les Britanniques considèrent que la semaine débute le dimanche.

Dire la date

- **What day is today ?**
  Quel jour sommes-nous ?

On écrit : **Today is October 27th**. *Nous sommes le 27 octobre.*

On lit : **Today is the twenty-seventh of October**.

Dire l'heure	Telling the time
Il est 3 heures	It's three o'clock
Il est 3 heures 5	It's five past three
Il est 3 heures 10	It's ten past three
Il est 3 heures et quart	It's a qu**a**rter past three
Il est 3 heures 20	It's tw**e**nty past three
Il est 3 heures et demie	It's half past three
Il est 4 heures moins 20	It's twenty to four
Il est 4 heures moins le quart	It's a qu**a**rter to four
Il est 4 heures moins 10	It's ten to four
Il est 4 heures moins 3	It's three m**i**nutes to four
Il est presque 4 heures	It's n**ea**rly four c'clock
Il est 4 heures	It's four o'clock

Demander l'heure

- **What time is it? / What's the time?**
  Quelle heure est-il ?
- **Have you got the right time?**
  Avez-vous l'heure juste ?
- **What time are you leaving?**
  À quelle heure pars-tu ?

INFO CULTURELLE

Le temps militaire ?

Aux États-Unis comme en Grande-Bretagne, on distingue les heures du matin en ajoutant **a.m.** (pour **ante meridiem**) de celles de l'après-midi en ajoutant **p.m.** (**post meridiem**).

- **It's 2 p.m.**
  Il est 14 heures.

Seuls les militaires ont le système européen d'une horloge de 1 à 24, c'est pourquoi on l'appelle **military time**.

Des expressions	Expressions
bientôt	soon
après	**a**fter
il y a deux jours	two days ag**o**
il y a longtemps	a long time ag**o**
puis	then
le jour où	the day when
immédiatement	imm**e**diately
pendant que	while
toujours	**a**lways
souvent	**o**ften
jamais	never
récemment	l**a**tely, r**e**cently
plus tard	l**a**ter
tôt ou tard	s**oo**ner or l**a**ter

encore	still
déjà	already
pas encore	not yet
jusqu'à	until
jusqu'à maintenant	up to now
toute la journée	all day
pendant la journée	during the day
rarement	rarely, seldom
une fois	once
deux fois	twice
trois frois	three times
en même temps	at the same time
de temps en temps	from time to time
parfois	at times, occasionally
dans une heure	in an hour's time
en un rien de temps	in no time

Tous les combien ?

- **How often do you go to the cinema?**
  Tu vas au cinéma tous les combien ?
- **About twice a month.**
  À peu près deux fois par mois.

Ne soyons jamais en retard

- **Don't be late / Be on time.**
  Ne soyez pas en retard / Soyez à l'heure.

Chapitre 2

Les personnes

If the body be feeble, the mind will not be strong.
Point d'esprit fort dans un corps faible.

Thomas Jefferson

En tant qu'êtres humains, nos préoccupations tournent naturellement autour de notre corps et de notre santé – mais aussi autour de ce que nous pensons et ce que nous ressentons. Ce sont tous les mots indispensables pour parler de nous que l'on trouvera dans ce chapitre.

Le corps/The body

Les mots essentiels	Essential words
chair	flesh
cou	neck
dos	back
douleur	pain
épaule	sh**ou**lder
faire mal	hurt
gorge	throat
muscle	muscle
os	bone
poitrine	chest
saigner	bleed
sang	blood
squelette	sk**e**leton
taille	waist

Tu me grattes le dos ?

L'expression **You scratch my back, I scratch yours**, littéralement : *Tu me grattes le dos, je gratte le tien*, signifie *Si tu fais quelque chose de bien pour moi, je te rendrai la pareille.*

Les cinq sens	The five senses
aveugle	blind
bouche	mouth
entendre	hear
goût / goûter	taste
nez	nose
odeur / sentir	smell
œil	eye
oreille	ear
ouïe	h**ea**ring
peau	skin
sourd	deaf
toucher	touch
voir	see
vue	sight

Je vois, j'entends…

POINT DE GRAMMAIRE

On emploie presque toujours le modal **can** devant les verbes qui se réfèrent aux cinq sens.

- **I can see him.**
  Je le vois.
- **I can hear the train.**
  J'entends le train.

Les organes internes	Internal organs
appendice	app**e**ndix
cœur	heart
estomac	st**o**mach
foie	l**i**ver

intestin	intestine
poumon	lung
rein	kidney
vésicule biliaire	gall bladder
vessie	bladder

Par cœur

- **Learn this poem by heart.**
  Apprends ce poème par cœur.

Les membres	Limbs
bras	arm
cheville	ankle
coude	elbow
genou	knee
hanche	hip
jambe	leg
jambe cassée	broken leg
main	hand
ongle de pied	toenail
orteil	toe
pied	foot
poignet	wrist

ATTENTION !

En anglais, on va dire **limb** pour dire *membre* si on parle du corps humain, **member** si on parle d'une personne faisant partie d'une organisation.

- **He is a member of the team.**
  Il est membre de l'équipe.

Des jambes cassées ? Mais non !

- **Break a leg!**
  Bonne chance !
- **You're breaking my leg!**
  Tu plaisantes !

Les mains	Hands
doigt	finger
ongle	nail
pouce	thumb
poing	fist
articulation	knuckle
paume	palm
poignet	wrist
majeur	middle finger
index	forefinger

De l'or au bout des doigts

- **Keep your fingers crossed. It will give you good luck.**
  Croise les doigts. Cela te portera chance.
- **Great! You keep everything under your thumb.**
  Super ! Tu as toutes les cartes en mains.

La tête	The head
barbe	beard
bouche	mouth
bouton	pimple
cerveau	brain
chauve	bald
crâne	skull
dent	tooth
esprit	mind
fossette	dimple
front	forehead
joue	cheek
langue	tongue
larme	tear
lèvre	lip
mâchoire	gums
mal de tête	headache
menton	chin

moustache	moust**a**che
nez	nose
œil	eye
oreille	ear
ride	wrinkle
sourcil	**eye**brow
tache de rousseur	freckle
visage	face

Dites-le avec les yeux

- **We don't see eye to eye.**
  Nous ne sommes pas d'accord.

Quelle cervelle ?

Le mot **brain**, au singulier, fait référence à l'organe ; mais pour parler de l'intelligence, on l'utilise plutôt au pluriel (comme les lunettes, le pantalon ou le short, le cerveau est composé de deux parties !).

- **She's got brains!**
  C'est une pointure !

ATTENTION ! Ne vous étonnez pas si vous entendez cette phrase qui peut paraître surprenante : **I talked to the head**, littéralement *J'ai parlé à la tête*. Le mot **head** ne fait pas référence à la tête au sens propre mais à la personne qui est « à la tête » d'une institution. Cela signifie : *J'ai parlé au chef.*

Cheveux et poils	Hair and hairs
auburn	**au**burn (hair)
barbe	beard
blond	blond (hair)
bouclé	curly (hair)
boucles (anglaises)	bangs
brun	brown (hair)
chauve	bald
cils	**eye**lashes
couettes	p**i**gtails
crépu	k**i**nky (hair)

favoris	sideburns
gris	gray (hair)
moustache	must**a**che
noir	black
ondulés	wavy (hair)
permanente	perm
queue-de-cheval	p**o**nytail
raide	straight (hair)
roux	red (hair)
sourcil	**eye**brow

À un poil près…

On utilise le même mot pour désigner les cheveux et les poils, mais quand on parle des cheveux, on ne met pas de **-s**. **Hair** équivaut au mot français *chevelure*.

- **She's got long, dark hair.**
  Elle a de longs cheveux foncés.

Si on veut parler de *poils*, on dira **hairs**.

Les soins corporels	Body care
peigne	comb
brosse	brush
rouge à lèvres	l**i**pstick
maquillage	m**a**keup
miroir	m**i**rror
shampooing	shamp**oo**
savon	soap
brosse à dents	t**oo**thbrush
dentifrice	t**oo**thpaste
ombre à paupières	**eye** shadow
pince à épiler	tw**ee**zers
lait à démaquiller	cl**ea**nsing milk

À la truelle !

- **She is wearing makeup.**
  Elle est maquillée.
- **I made up my face this morning.**
  Je me suis maquillée ce matin.

La santé/Health

Eat right, exercise regularly, die anyway.
Mange bien, fais de l'exercice régulièrement… de toutes façons, tu mourras.

Anonyme

J'ai mal !

Les anglophones diposent d'un mot pour chaque type de mal.

- **I have a toothache.**
  J'ai mal aux dents.
- **I have a backache.**
  J'ai mal au dos.
- **I have a headache.**
  J'ai mal à la tête.
- **I have a sore throat.**
  J'ai mal à la gorge.

Les maladies	Illnesses
cancer	c**a**ncer
conjonctivite	eye inf**e**ction
coup de soleil	s**u**nburn
coupure	cut
diarrhée	diarrhea
douleur	pain
douloureux	p**ai**nful
être malade	be ill, be sick
fièvre	f**e**ver
grippe	flu
hoquet	h**i**ccups
insomnie	ins**o**mnia
mal à l'estomac	st**o**machache
mal à la gorge	sore throat
mal à la tête	h**ea**dache
mal aux dents	t**oo**thache
malaria	mal**a**ria

rhume (attraper un)	cold (catch a)
rougeole	measles
sida	AIDS
tousser	cough
vomir	vomit

ATTENTION !

Illness s'applique à n'importe quelle maladie, tandis que **disease** fait plutôt référence à une maladie contagieuse.

Être malade en deux mots

Be ill s'emploie pour toute espèce de maladie. **Be sick** fait plutôt référence à des mots d'estomac.

L'adjectif **ill**, dans le sens de *malade*, ne s'emploie jamais comme épithète.

Quel article devant quelle maladie ?

Il n'y a pas de règle logique. Il faut savoir qu'il faut mettre **a/an** devant certains noms de maladie, **the** devant d'autres et pas d'article devant d'autres. Par exemple :

- **A/an : cold – cough – cut – eye infection – fever –headache – stomachache – sore throat – toothache – sunburn.**
- **The : flu – hiccups – measles.**
- Pas d'article : **AIDS – cancer – diarrhea – insomnia – malaria**.

Guérir	Healing
antalgique	painkiller
aspirine	aspirin
bandage	bandage
bien manger	eat right
calmant	tranquilizer
comprimé	tablet
en forme	fit
guérir	cure, heal
healthy	sain

médicaments	m**e**dicine, drug
mettre de la pommade	put on some **oi**ntment
se mettre au régime	go on a diet
pastilles pour la gorge	cough drops
pilule	pill
piqûre (faire une)	inj**e**ction (give an)
prendre du repos	get plenty of rest
somnifère	sl**ee**ping pill
traitement	tr**ea**tment

Le mot **cure** signifie *guérir* ou *guérison*.

On parlera d'une *cure de sommeil* en disant **sleep therapy**.

Quant à nos cures thermales, les Américains n'y croient pas beaucoup. Les **spa treatments** sont des moments de confort sans connotation médicale.

Et la forme dans tout cela ?

- **He is in good shape / He is fit.**
  Il est en forme.
- **He is in bad shape / He is in poor shape / He is unwell.**
  Il n'est pas en forme.
- **Fitness center**
  centre de remise en forme

Chez le docteur	**At the doctor's**
assurance maladie	health ins**u**rance
cabinet médical	s**u**rgery
consulter un médecin	cons**u**lt a d**o**ctor
effets secondaires	side eff**e**cts
médecin généraliste	g**e**neral practi**t**ioner, GP
ordonnance	prescr**i**ption
patient, malade	p**a**tient
prendre la température	take your t**e**mperature
prendre rendez-vous	make an app**oi**ntment
salle d'attente	w**ai**ting room

À l'hôpital	At the hospital
accident	accident
blesser / blessure	wound
blessure	injury
bloc opératoire	operating theater
chirurgie	surgery
chirurgien	surgeon
cicatrice	scar
contusion	bruise
crise cardiaque	heart attack
infirmière	nurse
opérer	operate on
sage-femme	midwife
urgence	emergency
plâtre	plaster

Le verbe **injure** signifie *blesser* et non *injurier*, que l'on traduit par **abuse, insult** ou **call names**.

Deux mots pour blesser

Injure s'emploie plutôt pour une blessure due à un accident ou une chute.

- **Two people were injured in this accident.**
  Il y a eu deux blessés dans cet accident.

Wound s'emploie plutôt pour une blessure causée par une arme.

- **He was severely wounded in Irak.**
  Il a été gravement blessé en Irak.

At the dentist's	Chez le dentiste
amalgame	filling
appareil dentaire	braces
se brosser les dents	brush your teeth
contrôle dentaire	dental checkup
dent	tooth
dent de sagesse	wisdom teeth

détartrer	rem**o**ve t**a**rtar buildup
extraire, arracher	pull out
radio	x-ray
rendez-vous chez le dentiste	d**e**ntal app**oi**ntment
soigner une carie	fill a c**a**vity
salle d'attente	w**ai**ting room
fil dentaire	d**e**ntal floss
dentifrice	t**oo**thpaste

ATTENTION ! Attention au pluriel irrégulier : **one tooth, two teeth**.

Aïe, aïe aïe !

- **I had a tooth pulled out.**
  Je me suis fait arracher une dent.

La pensée et le langage/ Thinking and speaking

The brain is a wonderful organ; it starts working the moment you get up in the morning and does not stop until you get into the office.

Le cerveau est un organe formidable ; il se met à travailler dès qu'on se lève et ne s'arrête que quand on entre au bureau.

Robert Frost

Des mots pour l'esprit

- **The mind** se réfère à la faculté de penser.
- **The spirit** se réfère à *l'âme*, aux émotions… ou aux *fantômes*.
- **The soul** est à peu près équivalent au français *âme*.
- **The brain** se réfère au *cerveau*.
- Et, dans le vocabulaire religieux, *le Saint-Esprit* se traduit par **the Holy Ghost**.

L'intelligence	Intelligence
astucieux	clever
bon sens	common sense
brillant	bright, brilliant
être capable de	be able to
cerveau	brains
compétence	skill
comprendre	understand
deviner	guess
idiot	fool
impartial	unbiased
obtus	dull
préjugé	bias, prejudice
sage	wise
stupide	stupid

L'esprit ouvert ou non ?

- **Be open-mided.**
  Avoir l'esprit large / ouvert.
- **Be narrow-minded.**
  Être borné.
- **He's got brains!**
  Il est très intelligent !

La pensée	Thought
argument, dispute	argument
argumenter	argue
se concentrer	concentrate
connaissance	knowledge
être conscient de	be aware of
évaluer	assess, appraise
idée	idea
jugement	judgment
pensée	thought
penser	think
raisonnement	reasoning
réaliser	realize
savoir	know

De bons arguments

Le mot **argument** s'emploie couramment dans l'expression **Have an argument**, qui signifie *se disputer.* **Argument** équivaut alors à *querelle.*

Parler	Speaking
accent	stress
acclamer	cheer
articuler	articulate
bégayer	stammer
chuchoter	whisper
dire	say, tell
discours, parole	speech
faire des cancans	gossip

fermer sa boîte	shut up
hurler	shout
parler	speak
parler de	talk
prononcer	**u**tter
rester silencieux	keep s**i**lent
sourd muet	deaf and dumb
ton / intonation	tone

Parole d'expert

- **Speech is silver but silence is gold.**
  La parole est d'argent mais le silence est d'or.

Say ou tell ?

Tell nécessite que l'interlocuteur soit mentionné :

- **You tell somebody something.**
  Tu dis quelque chose à quelqu'un.

Say ne nécessite pas que l'interlocuteur soit mentionné et, s'il est mentionné, il est introduit par **to** :

- **You say something (to somebody).**
  Tu dis quelque chose à quelqu'un.

Communiquer	Communicating
annoncer	ann**ou**nce
approuver	approve of
compte rendu (faire un)	acc**ou**nt of (give an)
convaincre	convince
demander	ask
être d'accord avec	agr**ee** with
expliquer	expl**ai**n
faire allusion à	allude to
faire appel	appe**a**l
insister sur	ins**i**st on
lavage de cerveau	br**ai**nwashing
mentionner	m**e**ntion

se plaindre	compl**ai**n
poser sa candidature à	appl**y** for
rapport	rep**o**rt
réclamer, affirmer	claim
réclamer, demander	requ**e**st
se référer à	ref**e**r to
répondre	**a**nswer, reply
révéler	rev**ea**l
souligner, mettre en relief	**e**mphasize
suggérer	sugg**e**st
suggérer / suggestion	hint

Les éléments du langage	**Elements of language**
adjectif	**a**djective
expression	phrase, expr**e**ssion
genre	g**e**nder
mot composé	comp**oun**d word
mot de liaison	link word
nom	noun
phrase	s**e**ntence
point	full stop (*US* p**e**riod)
point d'exclamation	exclam**a**tion mark
point d'interrogation	qu**e**stion mark
racine	root
temps grammatical	tense
terminaison	**e**nding
tiret	dash
trait d'union	h**y**phen
verbe	verb
virgule	c**o**lon

Les émotions et les attitudes/ Emotions and attitudes

For every minute you are angry you lose sixty seconds of happiness.

Pour toute minute de colère, on perd soixante secondes de bonheur.

Ralph Waldo Emerson

Le comportement	Behaviour
bien élevé	well-bred
bonnes manières	good manners
caractère	temper
cérémonieux	formal
se conduire	behave
conduite	behaviour
défaut	fault
devoir	duty
élever, éduquer	bring up
émouvant	touching
émouvoir	move
être coupable	be guilty
humeur	mood
être innocent	be innocent
avoir raison	be right
sentiment	feeling
sentir / se sentir	feel
avoir tort	be wrong
vertu	virtue

Le bien, le mal

- **Good and Evil.**
  Le Bien et le Mal.
- **Right or wrong?**
  Vrai ou faux ?
- **It was the right thing to do.**
  C'est ce qu'il fallait faire.

Quel caractère !

- **Be good-tempered.**
  Avoir bon caractère.
- **Be bad-tempered.**
  Avoir mauvais caractère.
- **Be in a good / bad mood.**
  Être de bonne / mauvaise humeur.

Les émotions positives	Positive emotions
agréable	pl**ea**sant
amical	fr**ie**ndly
être amoureux	be in love
cœur	heart
content	glad, pleased
heureux	happy
intéressant	**i**nteresting
joie sereine	bliss
joyeux	j**oy**ful
magnifique	w**o**nderful, fant**a**stic
moral	spirits
passionné	p**a**ssionate
réconforter	cheer up
réjouir	cheer
satisfait	s**a**tisfied
sensible	s**e**nsitive
sentimental	sentim**e**ntal
surpris	surpr**i**sed

ATTENTION !

En anglais, **sensible** signifie *sense*. On traduit *sensible* par **sensitive** :

- **She is very sensitive.**
  Elle est très sensible.
- **She is a sensible girl.**
  C'est une fille sensée.

Les attitudes positives	Positive attitudes
approprié	pr**o**per
attentionné	c**a**reful
se sentir bien	feel good / great
calme	quiet
confiant	c**o**nfident
courageux	brave
courtois	c**ou**rteous
curieux	c**u**rious
enthousiaste	exc**i**ted
extraverti	**ou**tgoing
fier de	proud of
gai, animé	l**i**vely
gentil	nice
honnête	h**o**nest
intéressant	**i**nteresting
juste	fair
malin	cl**e**ver
optimiste	optim**is**tic
prudent	c**au**tious
raffiné	refined
raisonnable	s**e**nsible
respectueux	resp**e**ctful
sérieux	s**e**rious
solide, dur	tough
surpris	surpr**i**sed

Sur la lune ?

- **We were all over the moon when we heard the good news.**
  Nous avons été absolument ravis quand nous avons entendu la nouvelle.

Les émotions négatives	Negative emotions
angoissé	**a**gonized
chagrin	grief
avoir du chagrin	be gr**ie**ving
choqué	sh**o**cked
être en colère	be **a**ngry
déçu	disapp**oi**nted
dégouté	disg**u**sted
désolé	s**o**rry
ennuyé	ann**oy**ed
ennuyé, confus	conf**u**sed, bew**i**ldered
enragé	enraged
frustré	frustr**a**ted
horrible	**aw**ful
horrifié	h**o**rrified
idiot	idi**o**tic
incrédule	disbel**ie**ving
indifférent	ind**i**fferent
intrigué	puzzled
jaloux	j**ea**lous
se sentir mal	feel bad
nerveux	n**e**rvous
perturbé	upset
avoir très peur	be fr**i**ghtened
terrible	t**e**rrible
très triste	m**i**serable
triste	sad
vexé	hurt

C'en est trop !

- **That was the last straw!**
  C'est la goutte d'eau qui a fait déborder le vase.

Les attitudes négatives	Negative attitudes
agressif	aggr**e**ssive
arrogant	**a**rrogant
s'ennuyer	be bored
enragé	enr**a**ged
épuisé	exh**au**sted
espiègle	misch**ie**vous
étrange	strange
fou	cr**a**zy, mad
hystérique	hyst**e**rical
impuissant	h**e**lpless
méchant	n**a**sty
solitaire	l**o**nely
soupçonneux	susp**i**cious
stupide	st**u**pid
sot	s**i**lly
insolent	cheeky
revêche	s**u**rly
peu raffiné	r**ou**gh
tatillon	fussy
bruyant	noisy
mal élevé	ill-bred
manque de respect	disresp**e**ct

Chapitre 3

La société

I don't care how poor a man is; if he has family, he's rich.

Peu m'importe qu'un homme soit pauvre ; s'il a une famille, il est riche !

Dan Wilcox and Thad Mumford

Dans ce chapitre sur la société, on partira de la famille et des relations familiales, notamment avec tous les mots qui désignent les personnes, pour ensuite s'intéresser à la politique, avec quelques repères culturels sur la vie politique au Royaume-Uni et aux États-Unis, puis à tout ce qui touche à l'ordre public, en passant par ce qui touche aux crimes et délits.

La famille/Family / Relatives

La famille nucléaire	The nuclear family
beau-père	st**e**pfather
belle-mère	st**e**pmother
demi-frère	**half**-brother, stepbrother
femme, épouse	wife
fiancé(e)	fiancé(e)
fille	d**au**ghter
fils	son
frère	br**o**ther
frère jumeau	tw**i**n-brother
jumeau	twin
maman	mum, m**u**mmy (*US* mom)

mari	husband
marié	groom, bridegroom
mariée	bride
mère	mother
papa	dad
père	father
petite sœur	baby sister
sœur	sister
sœur jumelle	twin-sister
sœur aînée	elder sister

Vous habitez chez vos parents ?

Il y a deux traductions pour le mot *parents* :

- **Parents** pour désigner *le père et la mère* ;
- **Relatives** pour désigner tous les autres membres de la famille.

Qui est l'aîné ?

L'adjectif **old** a un comparatif spécial pour parler des fils et filles ou frères et sœurs : **elder**.

- **Juno is my elder daughter.**
  Juno est ma fille aînée.

La famille élargie	The extended family
arrière-grands-parents	great-grandparents
beau-père	father-in-law
belle-mère	mother-in-law
cousin, cousine	cousin
filleul	godchild
grand-mère	grandmother, grandma
grand-père	grandfather, granddad, grandpa
marraine	godmother
neveu	nephew
nièce	niece
oncle	uncle
parrain	godfather

petit copain	b**oy**friend
petit(s) enfant(s)	grandchild(ren)
petite copine	g**i**rlfriend
petite-fille	gr**a**nddaughter
petit-fils	gr**a**ndson
tante	aunt

Il faut bien choisir la traduction :

Le mot **stepmother** désigne l'épouse du père, tandis que **mother in law** renvoie à la mère du mari ou de l'épouse.

De même, on dit **stepfather** pour le mari de la mère, mais **father in law** pour le père du mari ou de l'épouse.

Enfin, on dira **my in-laws** pour *mes beaux-parents.*

Les âges de la vie	**The ages of life**
adolescent (12-14 ans)	ad**o**lescent
adolescent (13-19 ans)	**tee**nager, teen (US kid)
adulte	**a**dult
ancêtre	ancestor
bébé(s)	b**a**by(-ies)
enfant(s)	child(ren)
jeune	youth
jeune enfant (2-3 ans)	t**o**ddler
nouveau-né	**i**nfant
personne âgée	**e**lderly p**e**rson
personne d'âge moyen	m**i**ddle-aged p**e**rson
senior	s**e**nior

Ménageons les personnes âgées !

Pour parler de votre grand-mère, vous utiliserez l'adjectif **elderly**. Mais si vous voulez régler un compte avec elle, vous utiliserez l'adjectif **old**.

C'est la même différence qu'entre *il est vieux* et *il est âgé.*

Comment dire son âge ?

Attention, on utilise le verbe **be** – et jamais le verbe **have**.

- **I'm 27 years old. How old are you?**
  J'ai 27 ans. Quel âge avez-vous ?

Les actes	Acts
adopter	adopt
élever	raise
élever (éduquer)	bring up
être divorcé	be divorced
divorcer	get divorced
vivre ensemble	live together
tomber amoureux	fall in love
être marié	be married
se marier	get married
être fiancé	be engaged

Se marier et divorcer

Attention à bien choisir entre **be** et **get** :

Be indique un état : on est marie ou divorcé.

Get indique une action : on se marie ou on divorce.

- **She is divorced. She got divorced last year.**
  Elle est divorcée. Elle a divorcé l'an dernier.

Bonjour monsieur ! Bonjour madame !

Pour s'adresser à quelqu'un dont on connaît le nom, on utilise **Mister** et **Misses** – que l'on n'écrit jamais autrement qu'en abréviation :

- **Hello, Mr Jones! Hello, Mrs Bradley!**
  Bonjour, monsieur Jones ! Bonjour, madame Bradley !

Pour s'adresser à quelqu'un dont on ne connaît pas le nom, on utilise **Sir** et **Madam** :

- **Good morning, Sir! Good morning, Madam!**
  Bonjour monsieur ! Bonjour madame !

État civil	Marital status
célibataire	single
célibataire	bachelor
couple	couple
dame	lady
enceinte	pregnant
mariage	wedding
un monsieur	a gentleman
orphelin(e)	orphan
veuf	widower
veuve	widow

Je me marie !

En anglais, il existe deux mots pour traduire *le mariage* : **wedding** pour parler de la cérémonie, **marriage** pour évoquer la situation matrimoniale.

Un idiome !

- **She is pregnant.**
  She is in the family way.

Famille, je vous aime…

You can choose your friends, but you can't choose your family.
On choisit ses parents mais on ne choisit pas sa famille.

You have to try to make the best of what you have where you have no choice.
Il faut s'accomoder de ce que l'on a quand on n'a pas le choix.

Like father, like son. *Tel père, tel fils.*

Don't teach your grandmother to suck eggs.

Littéralement: *N'apprends pas à ta grand-mère à gober des oeufs.*

L'équivalent (approximatif) de *Ce n'est pas au vieux singe qu'on apprend à faire des grimaces.*

La politique/Politics

In war, you can only be killed once, but in politics, many times.

À la guerre, on ne meurt qu'une fois. En politique, on meurt souvent.

Winston Churchill

Politiquement correct

Le mot **politics** sert à désigner la vie politique. Il prend un **-s** mais est suivi d'un verbe au singulier (comme beaucoup de mots qui désignent une science) :

- **All politics is local.**
  Toute politique est locale.

Le mot **policy** désigne une série de décisions, un programme :

- **A policy of reform.**
  Une politique de réforme.

Les élections	Elections
analyste politique	political pundit
candidat	candidate
conseiller	spin doctor
élire	elect
être candidat à	run for
isoloir	voting booth
manipuler l'opinion	spin
sondage	poll

A voté !

- **I'd like to register to vote.**
  Je voudrais m'inscrire sur les listes électorales.
- **Where is the polling station?**
  Où est le bureau de vote ?

Le système britannique	The British system
circonscription	constituency
membre du Parlement	Member of Parliament (MP)
ministère de l'Intérieur	Home **O**ffice
ministre de l'Intérieur	Home S**e**cretary
ministre des Affaires étrangères	Foreign S**e**cretary
ministre des Finances	Ch**a**ncellor of the **E**xchequer
Premier ministre	Prime M**i**nister
sondage	poll

La fin du bipartisme ?

Les deux grands partis, **Labour** (*travailliste*) et **Conservatives** (*conservateurs*) ont été départagés par un petit parti (**Liberal Democrats**, ou **Lib dem**) aux élections de 2010.

INFO CULTURELLE

Chaque parti a son symbole.

Conservatives : a blue tree. (*un arbre bleu*)

Labour : a red rose. (*une rose rouge*)

Liberal democrats : a gold bird. (*un oiseau jaune d'or*)

La résidence du Premier ministre

Comme en France, où l'on parle parfois d'une « décision de Matignon » pour évoquer d'une décision du Premier ministre, on utilise souvent l'adresse du **Prime Minister** pour évoquer la fonction de celui-ci : **10, Downing Street**.

Le système américain	The American system
démocrate	d**e**mocrat (*US*)
le Congrès	C**o**ngress
parti républicain	Grand Old P**a**rty (GOP)
représentant, député	repres**e**ntative
républicain	r**e**publican

Le Congrès

Il est composé de deux chambres : **the Senate**, (*le Sénat*), et **the House of Representatives**, (*la Chambre des Représentants*).

Aux urnes !

Chaque parti définit son programme ou sa *plateforme*, **platform**. Dans chaque État, une *primaire*, **primary**, désigne le *candidat*, **nominee**, de chaque parti.

Le peuple élit des grands électeurs (dans la liste des **nominees**), lesquels choisissent le président.

Chacun sa mascotte

- **Democrats : a donkey.**
  Les démocrates: un âne.
- **Republicans : an elephant.**
  Les républicains : un éléphant.

Les gens et les systèmes	People and bodies
adhérer à un parti	join a party
ambassade	embassy
démocratie	democracy
dictature	dictatorship
fonctionnaire	public servant
fonder un parti	found a party
homme politique	politician
interdire un parti	ban a party
monarchie	monarchy

La chasse aux sorcières

L'expression **witch hunt** évoque un sombre épisode de l'histoire américaine : au XVIIe siècle, des femmes accusées de sorcellerie par des puritains fanatiques furent brûlées sur des bûchers ou noyées.

Vous avez dit maccarthysme ?

Il s'agit d'une pratique peu glorieuse qui consiste à salir la réputation de quelqu'un. C'est une référence à la tactique du sénateur Joseph McCarthy qui, dans les années cinquante, réussit à détruire la carrière de nombre de personnalités en les traitant de communistes.

Quelques abréviations utiles

- **UN : United Nation**, *les Nations unies*
- **MP: Member of Parliament**, *Membre du Parlement*
- **EU: European Union**, *l'Union européenne*
- **NATO: North Atlantic Treaty Organization**, *l'OTAN (Organisation du traité de l'Atlantique nord)*

Les crimes et délits/ Crime and offenses

Capital punishment would be more effective as a preventive measure if it were administreted prior to the crime.

La peine capitale serait plus efficace si elle était administrée avant le crime.

Woody Allen

La délinquance urbaine	Street crime
assaillant	ass**ai**lant
assommer	knock down
bagarre	fight
se bagarrer	fight
bâton	club
casseur	wr**e**cker
délit	off**e**nce
donner un coup de pied à	kick
donner un coup de poing à	punch
entrer sans autorisation	tr**e**spass
frapper	hit, strike
gang	gang
incartades	misdem**ea**nor
intrus	intr**u**der
jeune délinquant	young offender
saccager	r**a**nsack
vandalisme	vand**a**lism
voyou	thug
contrevenir à la loi	break the law

Sur la route

Comme leurs homologues français, les policiers britanniques et américains s'occupent des automobilistes.

- **You can get a speeding ticket.**
  Vous pouvez avoir une amende pour excès de vitesse.

Et *la conduite en état d'ivresse*, **driving under the Influence** (**DUI**), est, bien sûr, réprimée.

La persécution	Persecution
aggression verbale	v**e**rbal ab**u**se
corruption	br**i**bery
cruauté	cr**u**elty
cupidité	greed
enfants maltraités	ill-tr**ea**ted ch**i**ldren
faire mal à	harm
harcèlement	h**a**rassment
maltraitance sur enfant	child ab**u**se
persécution	t**au**nting / b**u**llying
pression du groupe	peer pr**e**ssure

La persécution	Persecution
aggression verbale	v**e**rbal ab**u**se
corruption	br**i**bery
cruauté	cr**u**elty
cupidité	greed
enfants maltraités	ill-tr**ea**ted ch**i**ldren
faire mal à	harm
harcèlement	h**a**rassment
maltraitance sur enfant	child ab**u**se
persécution	t**au**nting / b**u**llying
pression du groupe	peer pr**e**ssure

Les cambriolages	Burglaries
armé	armed
auteur (d'un cambriolage)	perpetr**a**tor
cambriolage	burglary
cambrioleur	burglar
complice	partner
entrer par effraction dans	break into
gang	gang
intrus	intruder
pickpocket	pickpocket
piller	pl**u**nder
vol	robbery, theft
vol à l'étalage	shoplifting
voler	steal
voleur	r**o**bber, thief

Les verbes anglais ne se construisent pas comme leurs équivalents français :

- **You steal something (from somebody).**
- **You rob somebody (of something).**
- **She stole money from her employer.**
  Elle a volé de l'argent à son employeur.
- **The burglars robbed her of all her money.**
  Les cambrioleurs lui ont volé tout son argent.

À ne pas confondre avec **fly**, bien sûr, qui fait référence aux avions ou aux oiseaux !

Les crimes	Crimes
agresser / agresseur	mug / m**u**gger
arme	arm, w**ea**pon
arme à feu	f**i**rearm
assassiner	ass**a**ssinate, m**u**rder
blesser	wound
commettre un crime	comm**i**t a crime
complice	acc**o**mplice
détourner (un avion)	h**i**jack (a plane)

empoisonner	poison
faire du trafic de drogue	deal drugs
homicide	manslaughter
incendie criminel	arson
kidnapper	kidnap, abduct
massacre / massacrer	slaughter
mettre le feu à	set fire to
meurtre / meurtrier	murder / murderer
rançon	ransom
scène du crime	crime scene
tirer (arme à feu)	shoot
trafic de drogues	drug-trafficking
trafiquant	drug-dealer, drug-trafficker
tuer / tueur	kill / killer
viol / violer	rape
viser quelqu'un (pistolet)	aim (a gun) at

À manier avec précaution !

- **Shoot at someone.**
  Tirer sur quelqu'un.
- **Shoot someone.**
  Abattre quelqu'un avec une arme à feu.
- **He was shot dead.**
  Il a été abattu.
- **He is a good shot.**
  C'est un bon tireur.

La fraude	**Fraud**
faux papiers	forged documents
faire un faux	forger
contrebandier	smuggler
escroc	crook
faire de la contrebande	smuggle
contrefaire / contrefaçon	counterfeit
fausse monnaie	counterfeit money

Un mot caméléon

Le mot **counterfeit** peut être nom, verbe ou adjectif.

Contrebande

Attention, c'est la préposition qui fait la différence :

- **You smuggle something into a country / out of a country.**
  On fait entrer / sortir quelque chose en fraude.

Les criminels	Criminals
ancien prisonnier	excon
casier judiciaire	criminal record
caution	bail
cellule	cell
coupable	guilty
détenu	convict
en fuite	on the run
étranger	strangle
évasion	escape
faire chanter	blackmail
en fuite	at large, on the loose
en garde à vue	in custody
recherché	wanted
tueur en série	serial killer

Faire de la prison

- **Serve time / do time.**
  Purger sa peine.
- **Be put in prison.**
  Être mis en prison.
- **Get time off for good behaviour.**
  Avoir une remise de peine pour bonne conduite.

À choisir…

- **It is better to sit with a wise man in prison than with a fool in paradise.**
  Mieux vaut être avec un sage en prison qu'avec un idiot au paradis.

L'ordre public/Law and order

Stand with anybody that stands right, stand with him while he is right and part with him when he goes wrong.

Soutiens qui a raison aussi longtemps qu'il a raison et quitte-le dès qu'il se trompe.

Abraham Lincoln

Les policiers(-ères)	Policemen(-women)
commissariat	police station
détective	detective
enquêteur	investigator
flic	cop
grenade lacrymogène	smoke grenade
officier de police	police officer
patrouille	patrol (on patrol)
police de proximité	community police
policier en civil	plain-clothes policeman
renfort	back-up
service (en)	duty (on)
voiture de police	cruiser, squad car

Leur équipement	Their equipment
casque	helmet
casquette	cap
matraque	baton (night stick)
menottes	handcuffs
pistolet	pistol
uniforme	uniform

Faire appliquer la loi	Enforcing law
accuser quelqu'un de	charge someone with
amende	fine
arrêter	arr**e**st, catch
cellule	cell
contrôle d'identité	id**e**ntity check
déposition	statement
empreintes digitales	f**i**ngerprints
enquête	inv**e**stigation
être accusé de	be acc**u**sed of
fouiller	search
plainte	compl**ai**nt
poursuite	purs**ui**t
relâcher	rel**ea**se
traquer	track down

En flagrant délit

- **He was caught red-handed.**
  Il a été pris sur le fait / en flagant délit.

Au tribunal	In court
appel	app**ea**l
défense	def**e**nse
droit (un)	right (a)
emprisonnement	impr**i**sonment
inculpation	ind**i**ctment
innocent	**i**nnocent
interdire	ban
légal / illégal	l**e**gal / ill**e**gal
en liberté conditionnelle	on probation
loi, droit (le)	law
peine de mort	death penalty
plaider	plead
poursuite	prosec**u**tion
prison	goal, jail, prison
procès	trial

punition	p**u**nishment
sentence	s**e**ntence
verdict	v**e**rdict

Les gens au tribunal	**People in court**
avocat	b**a**rrister (*US* att**o**rney)
coupable	g**ui**lty
homme / femme de loi	l**a**wyer
innocent	**i**nnocent
juge	j**u**dge
jury	j**u**ry
notaire	sol**i**citor
témoin	w**i**tness

Chapitre 4

L'habitat

A great city is that which has the greatest men and women.
Ce qui fait une grande ville, c'est la grandeur de ses habitants.

Walt Whitman

Nous abordons dans ce chapitre tous les mots qui servent à parler de nos lieux de vie : la ville et son organisation, ainsi que les commerces et différents bâtiments qui la caractérisent ; puis nous zoomons sur la maison avant d'entrer dans celle-ci, avec les différentes pièces et un focus sur la cuisine et ses ustensiles.

La ville/The city

N'OUBLIEZ PAS !

En Grande-Bretagne, on réserve plutôt le mot **city** pour faire référence à une très grande ville (une *métropole*) – mais on peut tout à fait dire **It's a big town**, *C'est une grande ville.*

Aux États-Unis, on emploie le mot **city**. Le mot **town** désigne plutôt une très petite ville (un *bourg*, chez nous).

La voirie	Public roads
avenue	avenue
chaussée	roadway
grande-rue	high street (*US* main street)
impasse	cul-de-sac (*US* dead end street)
route	road
rue	street
rue à sens unique	one-way street
ruelle	lane
trottoir	pavement (*US* sidewalk)
voie	way

Les quartiers	Districts
animé	bustling
banlieue	suburb
centre-ville	downtown
désert	deserted
désuet	quaint
foule	crowd
pittoresque	picturesque
quartier chic	upmarket, posh area
quartier résidentiel	residential area
taudis	slum
trépidant	hectic
très sale	filthy
vivant	lively

Centre-ville et banlieue

À la différence de la France, où habiter dans le centre des villes est souvent réservé à des gens qui ont des moyens conséquents, la connotation du centre-ville est différente en Grande-Bretagne et aux États-Unis.

On travaille en ville, on y sort, on y fait ses courses, mais on y habite rarement. D'ailleurs, les problèmes sociaux que nous connaissons dans certaines banlieues se retrouvent dans l'**inner city** (*centre ville*), mot qui, par sa connotation, se rapproche de **slum** ou **ghetto**.

Notons que tout ceci est en train de changer et qu'à Londres comme dans les grandes villes de la côte est des États-Unis, des « bobos » commencent à apprécier de vivre en ville.

Il y avait du monde !

Plutôt que **there were lots of people** (très plat), dites : **It was really crowded**, littéralement, *Il y avait vraiment trop de monde…*

- **The bus was overcrowded!**
  Le bus était bondé !

Sortir du lot

- **He tries to stand out from the crowd.**
  Il essaie de se distinguer du lot.

En centre-ville	Downtown
arrêt de bus	bus stop
embouteillage	traffic jam
enseigne	sign
feu tricolore	traffic light
kiosque de presse	news stand
lampadaire	street light
panneau de rue	street sign
panneau publicitaire	billboard
parcmètre	parking meter

passage piétons	zebra crossing (*US* pedestrian crossing)
poubelle	litter basket
refuge pour piétons	traffic island
station de métro	subway station
station de taxi	taxi stand

Un mot caméléon

En anglais, le mot **downtown** peut être :

Un adverbe :

- **Let's go downtown.**
  Allons en ville.

Un adjectif :

- **She's got an apartment in downtown Chicago.**
  Elle a un appartement dans le centre de Chicago.

Un nom :

- **It's located in the heart of Manchester downtown.**
  C'est situé au cœur de Manchester.

Les endroits publics	**Public places**
caserne de pompiers	fire station
commissariat	police station
école	school
église	church
entrée de métro	subway entrance
fontaine	fountain
gare	train station
hôpital	hospital
mairie	city hall
métro	underground (*US* subway)
office de tourisme	tourist office
palais de justice	court
parking	car park
piscine	swimming pool
poste	post office
prison	jail, prison

station d'autobus	bus st**a**tion
université	univ**e**rsity, c**o**llege

Les magasins	Shops
animalerie	pet store
banque	bank
bibliothèque	l**i**brary
boucherie	b**u**tcher's
boulangerie	b**a**ker's, b**a**kery
coiffeur	hairdresser's
faire des courses	go sh**o**pping
fleuriste	fl**o**wer sh**o**p
galerie commerciale	sh**o**pping mall
grand magasin	dep**a**rtment store
laverie automatique	laundromat, l**au**nderette
librairie	b**oo**kstore, b**oo**kshop
magasin d'électronique	electr**o**nics shop
magasin de vidéo	v**i**deo store
marché d'artisanat	craft m**a**rket
pharmacie	ph**a**rmacy/drugstore
quincaillerie	h**a**rdware store
salon d'esthétique	beauty salon
station essence	p**e**trol st**a**tion (*US* gas station)
supermarché	s**u**permarket
vitrine	shop w**i**ndow

Boulanger / boulangerie

Vous voyez dans la liste ci-dessus que l'anglais ne dispose pas de mots spécifiques pour la boulangerie, la boucherie, etc.

On dit *chez le boulanger* en ajoutant **'s** au mot **baker** (c'est un génitif elliptique : on sous-entend le mot **shop**.)

- **I'm going to the haidresser's.**
  Je vais chez le coiffeur.

Les lieux de loisirs	**Leisure places**
auberge de jeunesse	youth h**o**stel
café	pub
café	c**a**fe
cinéma	m**o**vie th**ea**ter, c**i**nema
équipement	fac**i**lities
galerie	g**a**llery
hôtel	hotel
musée	mus**e**um
parc	p**a**rk
restaurant	r**e**staurant
salle de gym	gym
square	square

Un tour au pub

Une véritable institution en Grande-Bretagne !

Notons que le mot **pub** est une abréviation de **public house**.

Les **pubs** sont partout, dans les grandes villes comme dans les villages. Malgré les nombreuses fermetures qui attristent les Britanniques, il en reste environ 53 000.

On y vend de l'alcool, surtout des bières à la pression ; et on peut souvent y manger fort bien pour un prix raisonnable. On n'y entre pas avec des enfants mineurs, sauf dans ceux qui ont une **family room** (*salle réservée aux familles*).

Ne vous attendez pas à être servi dans un pub. Vous allez au comptoir et revenez avec votre **pint**, *pinte*, de bière ou autre boisson.

Ne confondez pas la boisson, **coffee**, avec le lieu qui ressemble à nos bistrots, **cafe**, sauf qu'on n'y sert généralement pas d'alcool.

La maison/The house

Home is a place you grow up wanting to leave, and grow old wanting to get back to.

La maison, c'est l'endroit que l'on veut quitter quand on est jeune, et où l'on veut retourner quand on vieillit.

John Edward Pearce

House ou home ?

Ces deux mots se traduisent de la même façon en français mais leur valeur affective est différente. **House** renvoie au bâtiment lui-même quand **home** évoque davantage la douceur du foyer :

- **I want to go home.**
  Je veux rentrer à la maison.
- **House for sale.**
  Maison à vendre.

Se loger	Finding housing
à louer	for rent
à vendre	for sale
appartement	flat, apartment
colocataire	flat mate, room mate
colocation	flat sharing
habiter	dwell
immobilier	real estate
loyer / louer	rent
meublé	furnished
posséder	own
propriétaire	landlord
studio	studio
garage	garage

L'extérieur	The outside
alarme	al**a**rm
allée	drive
allumer / éteindre	turn on / off
antenne	**ae**rial
antenne parabolique	s**a**tellite dish
balcon	b**a**lcony
boîte aux lettres	l**e**tter box
carreau	w**i**ndow pane
cheminée	ch**i**mney
donner sur	look onto
double vitrage	double gl**a**zing
en bas	d**ow**nstairs
escalier	stairs
à l'étage	**u**pstairs
fermer à clé	lock
gouttière	g**u**tter
maison jumelée	semi-det**a**ched house
maison en briques	brick house
marche	step
monter / descendre le store	pull up / down the blinds
murs	wall
ouvrir	unl**o**ck
palier	l**a**nding
portail	gate
porte d'entrée	**e**ntrance door, front door
portes-fenêtres	french w**i**ndows
rez-de-chaussée	ground floor
serrure	lock
sonnette	d**oo**rbell
stores	blinds
toit	roof
tuile	tile
verrou	bolt
volets	sh**u**tters

Les maisons anglo-saxonnes

Semi-detached houses : maisons jumelles, mitoyennes d'un côté, devant lesquelles on trouve un petit jardinet cultivé avec beaucoup d'attention.

Terraced houses : dans les villes britanniques, on ne peut manquer d'être frappé par ces alignements de maisons mitoyennes, souvent en briques rouges, absolument toutes identiques, à l'exception des portes multicolores, note par laquelle les propriétaires marquent leur originalité.

Cottage : petite maison campagnarde au toit de chaume et entouré d'un jardin luxuriant.

Du sol au plafond	From floor to ceiling
cave	cellar
chaudière	b**oi**ler
cloison	parti**t**ion
fioul	fuel
grenier	loft, attic
lucarne	sk**y**light
pièce	room
plafond	c**ei**ling
étage	floor, storey
sol (terrasse)	ground
sol (plancher)	floor
sous-sol	b**a**sement
Vélux	Velux

Premier étage ou rez-de-chaussée ?

On s'y perd un peu. Le **ground floor**, *rez-de-chaussée*, n'existe qu'en Grande-Bretagne. Il s'appelle **first floor**, *premier étage*, aux États-Unis.

Le premier étage sera donc appelé *first floor* en Grande-Bretagne, mais **second floor** aux États-Unis, et ainsi de suite. Une **three-storey house** en Grande-Bretagne sera donc appelée **four-story house** aux États-Unis…

Pour les domestiques

On appelle **basement** l'étage d'un bâtiment qui se trouve en dessous du rez-de-chaussée – traditionnellement l'endroit où se trouvaient les cuisines dans les maisons bourgeoises ; le personnel devait donc pouvoir y accéder donc par un escalier extérieur. Ce sous-sol fait partie intégrante des maisons urbaines.

Décrire la maison	Describing the house
bien conçu	well-des**i**gned
charmant	quaint
clair	light
confortable	c**o**mfortable
délabré	dilapid**a**ted
douillet	snug, cozy
grand	large, sp**a**cious
haut / bas de plafond	high / low-c**ei**linged
luxueux	l**u**xurious, l**u**xury
minable, miteux	sh**a**bby
minuscule	t**i**ny
sombre	dark

Le style anglais

Une moquette épaisse qui recouvre jusqu'aux marches des escaliers, des tapisseries et tissus à motifs floraux dans les tons vert, rose ou beige, et une profusion de bibelots, voici ce qui donne aux intérieurs anglais leur ambiance si feutrée, si cosy… so British !

Les travaux ménagers	Housework
aspirateur	h**oo**ver, vacuum cleaner
balai	broom
balayer	to sweep
chiffon	d**u**ster
corvées ménagères	dom**e**stic chores
débarrasser la table	clear the table
en désordre	in a mess, unt**i**dy
éponger	sponge
essuyer	wipe
laver à la main	wash by hand
faire la lessive	do the washing
mettre la table	lay the table
passer l'aspirateur	h**oo**ver
polir	p**o**lish
poussière	dust
ranger	put away, tidy up
repasser / fer à repasser	**i**ron
sécher (faire)	dry
faire la vaisselle	do the w**a**shing up

Make ou do?

Attention, le verbe *faire* se traduit par **make** ou **do** selon la tâche que vous souhaitez réaliser. Ainsi :

- **Make one's bed.**
  Faire son lit.
- **Do your room / the housework.**
  Faire votre chambre / le ménage.
- **Do the washing up.**
  Faire la vaisselle.

Mais…

- **Dust.**
  Faire les poussières.

Décorer la maison	Decorating the house
peindre / peinture	paint
tapisser	p**a**per
poser la moquette	fit / lay the c**a**rpet
meubler	f**u**rnish
bricolage	DIY (do it yourself)
éclairage	l**i**ghting
rénover	r**e**novate
réaménager	rem**o**del
papier peint	wall p**a**per
outil	tool
marteau	h**a**mmer
tournevis	scr**e**wdriver
perçeuse	dr**i**lling machine
pinceau	brush

Pendre la crémaillère

En anglais, on réchauffe la maison… *Pendre la cémaillère* se dit **have a house-warming party**.

Les pièces de la maison/ The rooms in the house

The ornament of a house is the friends who frequent it.
Ce qui embellit une maison, ce sont les amis qui y viennent.

Ralph Waldo Emerson

La cuisine	The kitchen
cuisine équipée	fitted kitchen
évier	sink
placard	cupboard
plan de travail	worktop
plat	dish
pratique, fonctionnel	practical
robinet d'eau chaude / froide	hot / cold water tap
vaisselle	dishes
vide-ordures	rubbish chute

Cuisines américaines

La cuisine ouverte sur le séjour, qui est maintenant à la mode en France, contrastait avec la tradition européenne dans laquelle la cuisine, domaine des domestiques, était le plus éloignée possible des pièces à vivre de la maisonnée. Autres temps, autres endroits, autres mœurs…

La salle à manger	The dining room
buffet, desserte	sideboard
chaise	chair
lustre	chandelier
meubles	furniture
nappe	tablecloth
serviettes	napkin
table	table

A furniture est un mot singulier, mais il renvoie à l'ameublement en général.

Pour désigner *un meuble*, on dira **a piece of furniture**.

Le salon	The living room
abat-jour	lampshade
accroché (au mur)	hanging (on the wall)
canapé	sofa, settee
chaîne stéréo	hi-fi system
chauffage au gaz	gas heating
chauffage central	central heating
chauffage électrique	electric heating
cheminée	fireplace
coussin	cushion
éclairage	lighting
étagère	shelf
fauteuil	armchair
lecteur de CD	CD player
moquette	fitted carpet
poste de télévision	television set
rideau	curtain
salon	lounge
table basse	coffee table
tableau	picture
tapis	carpet, rug
télé	telly

Ne pas confondre **the chimney**, que l'on trouve sur le toit des maisons, nettoyée par *un ramoneur*, **chimney sweeper**, et **the fireplace**, qui se trouve à l'intérieur de la maison et dans laquelle on fera brûler des *bûches*, **logs**.

La chambre	The bedroom
armoire	wardrobe
chambre d'ami	spare room
commode	chest of drawers

couette	quilt
couverture	bl**a**nket
descente de lit	rug
dessus de lit	b**e**dspread
drap	sheet
housse de couette	qu**i**lt cover
lit	bed
literie	b**e**dding
oreiller	p**i**llow
pyjama	pyj**a**mas (*US* paj**a**mas)
taie d'oreiller	p**i**llowcase
vêtements	clothes
édredon	**ei**derdown, c**o**mforter (*US*)

Soyez au courant !

Aux États-Unis, le courant électrique est de 110 volts, et non de 220 volts, comme en Europe. Il est donc nécessaire d'emporter avec soi *un transformateur*, **power converter**, pour pouvoir brancher son *rasoir*, **razor**, ou son *chargeur de téléphone*, **cell phone charger**.

La salle de bains	The bathroom
baignoire	bath
brosse à cheveux	h**ai**rbrush
brosse à dents	t**oo**thbrush
dentifrice	t**oo**thpaste
douche	sh**o**wer
gant de toilette	face cloth
gel douche	gel
lavabo	wash basin
se laver	wash
se maquiller	make up
miroir	m**i**rror
papier hygiénique	t**oi**let paper
parfum	p**e**rfume
produits de maquillage	make up

produits de toilette	cosmetics
se raser	shave
rasoir	r**a**zor
savon	soap
serviette	t**o**wel
shampooing	shamp**oo**
W.-C.	t**oi**let

INFO CULTURELLE

Où est la salle de bains ?

Dans les pays anglo-saxons, les toilettes sont généralement situées dans la salle de bains. Si une de vos invitées vous demande **Where is the bathroom, please?**, *Où est la salle de bains, s'il vous plaît ?*, comprenez qu'elle ne souhaite pas prendre une douche, mais… se repoudrer le nez !

Mécanismes complexes

Les Européens se trouvent souvent démunis devant les mitigeurs sophistiqués qu'ils trouvent dans les pays anglo-saxons. Il ne suffit pas de tourner un robinet pour avoir de l'eau tiède et prendre sa douche, mais il faut penser à : 1) actionner le système de ventilation, 2) sélectionner la température souhaitée, 3) régler le débit attendu. Après, seulement, vous pourrez prendre une douche bien méritée !

Les ustensiles de cuisine/ Kitchenware

The best time to plan a book is while you're doing the dishes.
Le meilleur moment pour imaginer un livre, c'est en faisant la vaisselle.

Agatha Christie

La batterie de cuisine	Cookware
brochettes	sk**e**wer
casserole	pan
gril	grid
marmite	st**o**ckpot
plat à rôtir	r**oa**ster
poêle	fr**y**ing pan
sauteuse	sauce pan
terrine	terr**i**ne

L'ustensile et le plat

Pour faire des brochettes, on utilise des **skewers** mais le plat obtenu emprunte le mot oriental **kebab**.

Pour faire une terrine, on utilise une **terrine**, mais le plat obtenu emprunte plutôt le mot français de **paté**, *pâté*.

Les plats	Dishes
moule à cake	loaf pan
moule à gâteau	cake pan
moule à tarte	pie plate
plat	dish
plat à cuire	b**a**ker
plat de service	pl**a**tter
plateau	tray
saladier	s**a**lad bowl
saucière	gr**a**vy boat
soupière	soup tur**ee**n

À toutes les sauces

Voici deux sauces typiquement britanniques : le **gravy**, fabriqué à partir des jus de cuisson, accompagne la plupart des plats cuisinés ; la **marmite** est une pâte brunâtre que l'on tartine sur des toasts, dont le goût de Viandox et levure très salé ne laisse personne indifférent. On adore ou on déteste…

L'électroménager	Household appliances
aspirateur	v**a**cuum cl**ea**ner
batteur	hand m**i**xer
bouilloire électrique	el**e**ctric kettle
cafetière électrique	c**o**ffee m**a**ker
congélateur	fr**ee**zer
cuisinière	stove
fer à repasser	iron
fer à vapeur	steam **i**ron
four	oven
four à micro-ondes	m**i**crowave **o**ven
réfrigérateur	fridge, refr**i**gerator
friteuse électrique	deep fryer
grille-pain	t**oa**ster
hotte aspirante	extr**a**ctor hood (*US* ventilator)
lave-linge	w**a**sher
lave-vaisselle	dishwasher
machine à coudre	s**e**wing mach**i**ne
machine à laver	w**a**sher
mixeur	bl**e**nder
plaque à induction	ind**u**ction c**oo**king top
plaque chauffante	h**o**tplate
presse-agrumes	c**i**trus m**i**xer
sèche-linge	t**u**mble-drier

Tenez-vous au jus

En Angleterre et aux États-Unis, les *prises de courant*, **plugs**, sont différentes de celles utilisées en Europe. Elles nécessitent, pour les visiteurs, l'utilisation d'un *adaptateur*, **adapter plug**, que l'on trouve partout, dans les supermarchés ou les **duty free shops**.

Sur la table	On the table
assiette	plate
bocal	jar
boîte à épices	spice rack
bol	bowl
coupe à fruits	bowl
faïence	**ea**rthenware
huilier	oil bottle
mug	mug
planche à découper	**cu**tting board
porcelaine	china
récipient en métal	c**a**nister
soucoupe	s**au**cer
sucrier	s**u**gar crock
tasse	cup
théière	**tea**pot
vaisselle	dishes
vinaigrier	v**i**negar bottle

Porcelaine fragile !

Le terme **china** est utilisé non seulement pour désigner un matériau (*la porcelaine*), mais aussi pour toute la vaisselle en porcelaine, quelles que soient son origine et sa qualité. *La porcelaine de Sèvres* sera donc appelée **Sevres china**.

Les couverts	Tens
aiguiseur	knife sh**a**rpener
argenterie	s**i**lverware
couteau	knife
couverts à salade	s**a**lad s**e**rving set
cuiller	spoon
cuiller à thé	**tea**spoon
éplucheur, économe	pot**a**to p**ee**ler
fourchette	fork
louche	ladle
pelle à tarte	cake s**e**rver

Le bar	The bar
agitateur	stirrer
bouchon	cork
bouchon à vin	wine st**o**ppers
carafe	carafe
coupe	mart**i**ni glass
coupe à champagne	champ**a**gne glass
gobelet	cup
paille	straw
pince à glaçon	ice tongs
seau à champagne	champ**a**gne b**u**cket
seau à glaçon	ice b**u**cket
tire-bouchon	c**o**rkscrew
verre	glass
verre à eau	w**a**ter glass
verre à vin	wine glass
verre ballon	ball**oo**n wine glass

À ne pas confondre

Attention, faites bien la différence entre **a wine glass**, *un verre à vin* et **a glass of wine**, *un verre de vin !*

Le linge de maison	Linen
cache-théière	kettle c**o**ver
chemin de table	table r**u**nner
manique	pot h**o**lder
nappe	table cloth
paillasson	rug
serviette	n**a**pkin
set de table	pl**a**cemat
tablier	**a**pron
torchon	t**o**wel

INFO CULTURELLE

Les *covers* : qu'est-ce que c'est ?

Ces pochons de tissu souvent très fleuris et dans des tons pastel sont typiques des cuisines britanniques. Le cache-théière permet d'abord de conserver la chaleur, mais d'autres caches sont utilisés pour les mixeurs ou le grille-pain, par exemple, et n'ont alors qu'une fonction décorative.

Chapitre 5

L'alimentation

A converted cannibal is one who, on Friday, eats only fishermen.

Un cannibale converti, c'est celui qui, le vendredi, ne mange que des pêcheurs.

Emily Lotney

Que l'on voyage à l'étranger ou que l'on reçoive des étrangers, il est important de pouvoir parler de la nourriture. Les aliments dont la diversité implique un grand nombre de mots, la cuisine qui est un élément de la culture de chaque pays et dont il est important de savoir parler. Et, bien sûr, les restaurants où, pour être à l'aise, il importe de savoir comprendre et de se faire comprendre.

La nourriture/Food

Manger	Eating
avaler	swallow
avoir de l'appétit	have an appetite
boire	drink
bouchée	bite
copieux (repas)	big (meal)
engloutir	wolf down
avoir faim	be hungry
goûter	taste
mâcher	chew
manger des sandwichs	lunch off sandwiches
mordre	bite

mourir de faim	starve
nourrir	feed
picorer	peck (at food)
être rassasié	be full up
régime	diet
servir	serve
avoir soif	be thirsty

Qu'est-ce qu'on mange ?

La cuisine britannique porte la marque de l'interaction de la Grande-Bretagne avec le reste du monde. Les plats traditionnels anglais, constitués de viandes rôties et cuites, de tartes de viande et de poisson, côtoient les fast-food restaurants, les plats de pâtes italiens ou la cuisine venue du continent indien, adaptée aux goûts des Britanniques.

ATTENTION ! En anglais on utilise **be**, *être*, et non **have**, *avoir*, pour parler de la faim ou de la soif :

- **I am hungry.**
  J'ai faim.
- **I am thirsty.**
  J'ai soif.

Au régime

On ne traduit pas l'expression *être au régime* de façon littérale :

- **I am on a diet.**
  Je suis au régime.
- **He went on a diet.**
  Il s'est mis au régime.

Quelques expressions utiles

- **Set / lay the table.**
  Mettre la table.

- **Dinner's ready! / Lunch is ready!**
  À table !
- **Enjoy (your meal)!**
  Bon appétit !
- **Leave the table.**
  Sortir de table.
- **Clear the table.**
  Desservir la table.

Cuisiner	Cooking
battre	whip
beurrer	butter
congeler	freeze
émincer	chop
cuisiner / cuisinière	cook
couper en tranches	slice
faire bouillir	boil
faire cuire au four	bake
faire frire	fry
griller	grill
livre de cuisine	cookery book
parfum	flavour
peler, éplucher	peel
plat	dish
recette	recipe
retourner	turn
rôtir	roast
saler / sel	salt
surgeler	deep-freeze
tremper	steep

De la viande bouillie ?

L'Angleterre souffre injustement d'une réputation de pays où l'on mange mal. Les Anglais, croit-on, se nourriraient de viande bouillie accompagnée de petits pois sucrés. La réalité est heureusement bien différente, comme en témoignent les plats traditionnels anglais : le **roast beef** (*rôti de bœuf*), le **steak and kidney pie** (*tourte à aux rognons*), le **shepherd's pie** (*gratin de viande hâchée*), le **roast lamb and mint sauce** (*agneau rôti, sauce à la menthe*), etc.

Les repas	**Meals**
apéritif	drink
amuse-gueule	appetizer
cochonneries	junk food
boîte de conserves	tin (*US* can)
déjeuner	lunch
dessert	pudding, dessert
dîner	dinner
douceur	treat
emporter (plats à)	take away (food)
en-cas	snack
entrée	starter
fromage	cheese
petit déjeuner	breakfast
plat principal	main course
repas complet	three-course meal
restauration rapide	fast-food
restes	leftovers
surgelé	frozen

L'heure de l'apéro

Prendre l'apéritif avant un repas est une tradition bien française à laquelle s'habituent progressivement les Anglais, qui n'ont cependant pas encore trouvé de mot approprié.

Rien ne vous empêche toutefois de leur proposer : **Can I get you an aperitif / a drink?**, *Puis-je vous offrir quelque chose à boire ?*... Ils ne refuseront probablement pas.

Quand est-ce qu'on mange ?

À chaque pays sa tradition. En Angleterre, le *petit déjeuner*, **breakfast**, est copieux, mais le *repas de midi*, **lunch**, est souvent réduit à un sandwich ou à un *panier repas*, **pack lunch**. Vers 17 h 30, les familles se réunissent pour le *thé*, **tea time**, autour d'un repas plus consistant.

Aux États-Unis, le repas principal est toujours plutôt en fin d'après-midi, **dinner**.

Le goût	Taste
aigre	sour
amer	b**i**tter
bon, goûteux	t**a**sty
dur	tough
doux	sweet
épicé (fortement)	hot
épicé, relevé	spicy
fade	t**a**steless
piquant	p**u**ngent
riche	rich
sec	dry
sucré	sweet
tendre	t**e**nder

INFO CULTURELLE

Chaud devant !

L'Inde et le Pakistan ayant été des colonies anglaises jusqu'au milieu du XXe siècle, il n'est pas étonnant que les goûts britanniques aient largement adopté les épices. Ainsi, un des plats préférés des Britanniques est le **chicken tikka massala** (*poulet tikka massala*) servi dans les nombreux restaurants pakistanais du pays.

Les aliments/Foods

There is no love sincerer than the love of food.

Il n'y a pas d'amour plus sincère que celui de la bonne chère.

George Bernard Shaw

La viande	Meat
à point	medium
agneau	lamb
bacon	bacon
bien cuit	well done
bœuf	beef
côtelette	chop
cru	raw
dinde	turkey
jambon	ham
oie	goose
porc	pork
poulet	chicken
ragoût	stew
rôti	joint, roast
saignant	rare, underdone
saucisse	sausage
steak	steak
tranche	slice
tranche (de)	slice (of)
trop cuit	overdone
veau	veal

Du ragoût irlandais

L'**irish stew**, ragoût traditionnel très populaire en Irlande, est essentiellement composé de viande de mouton cuite très longtemps à feu doux pour être tendre.

De la panse de brebis farcie

Le **haggis** est un plat traditionnel écossais, dans lequel on trouve des *abats de mouton*, **sheep offals**, *de l'oignon*, **onion**, *de l'avoine*, **oats**, *du saindoux*, **lard**, *des épices*, **spices**, et *du sel*, **salt**. Traditionnellement, cette préparation est enfermée dans de la panse de mouton et cuite pendant plusieurs heures – ainsi, le haggis ressemble à une sorte de ballon.

C'est cuit...

- **Dinner's ready!**
  C'est cuit ! (dans le sens de *on peut servir*).
- **We're done for!**
  On est cuits ! (dans le sens de *on va se faire prendre*).
- **It's a piece of cake.**
  C'est du tout cuit.
- **It's not all cut and dried.**
  Ce n'est pas du tout cuit.

De la dinde pour Thanksgiving

La *dinde*, **turkey**, est le plat traditionnel de la fête de **Thanksgiving** aux États-Unis. Elle est souvent accompagnée de *courge*, **squash**, de *citrouille*, **pumpkin**, et de légumes variés.

Poissons et fruits de mer	Fish and sea food
coquille Saint-Jacques	scallop
crevette	shrimp
hareng	herring
homard	lobster
maquereau	mackerel
morue / cabillaud	cod
moule	mussel
saumon	salmon
truite	trout
crustacé	shellfish

Fish and chips

Traditionnellement servi dans un emballage de papier journal avec du sel et du vinaigre de malt, et mangé avec les doigts, ce plat typiquement britannique se trouve dans tous les bars et restaurants de Grande-Bretagne.

Jeux de mots

Voici un **tongue twister** (*virelangue*)… à répéter sans modération : **She sells seashells by the sea shore.**

Les œufs	Eggs
œufs à la coque	boiled eggs
œufs sur le plat	fried eggs
œufs durs	hard-boiled eggs
omelette	omelet
œufs brouillés	scrambled eggs
œufs battus en neige	stiffly beaten egg whites
œufs pochés	poached eggs

On ne fait pas d'omelette sans casser des œufs

- **Be walking on eggs.**
  Marcher sur des œufs.
- **Full to bursting.**
  Plein comme un œuf.
- **Go and take a running jump!**
  Va te faire cuire un œuf !

Les légumes	Vegetables
à l'eau	boiled
asperge	asparagus
carotte	carrots
céleri	celery
chou fleur	cauliflower
concombre	cucumbers
épinards	spinach
frites	chips
haricots	beans

laitue	lettuce
petits pois	green peas
poireau	leek
pomme de terre	potato
purée	mashed potatoes
radis	radish
salade	salad
tomate	tomato

INFO CULTURELLE

Le poireau et plumes d'autruche

C'est le symbole du pays de Galles, où il est de tradition de le porter le 1er mars, afin d'honorer saint David, patron de ce pays. D'aucuns soutiennent que le symbole originel serait en fait un bouquet de plumes d'autruche, interprété comme un poireau, objet plus familier.

Les petits pois fluo

Les Français sont souvent surpris de la taille et surtout de la couleur des *petits pois*, **green peas**, anglais. Une tradition voudrait que celle-ci soit due à une pièce en cuivre de 1 penny ajoutée à la cuisson et qui, en s'oxydant, donnerait au féculent cette couleur particulière. Il s'agit en fait tout simplement d'une variété de pois différente.

Les fruits	**Fruit**
abricot	apricot
ananas	pineapple
avocat	avocado
banana	banana
cerise	cherry
citron	lemon
framboise	raspberry
framboises	strawberry
mûre	blackberry

orange	orange
pamplemousse	grapefruit
pêche	peach
poire	pear
pomme	apple
prune	plum
pruneau	dried prune
raisin	grape

Quelques expressions fruitées

- **Be feeling great.**
  Avoir la pêche.
- **Bowler hat.**
  Un chapeau melon.
- **To split the difference.**
  Couper la poire en deux.
- **The icing on the cake.**
  La cerise sur le gâteau.
- **Quiff**
  Une banane (coiffure)
- **Faint**
  Tomber dans les pommes

Boulangerie et pâtisserie	Bakery
beignets	doughnut
biscuits	cookie
crêpe	pancake
farine	flour
levure	Yeast
miche de pain	loaf
muffin	muffin
pain	bread
pain de mie	sliced bread
pate	dough
pâtes	pasta
petit pain	roll
quiche	quiche

toast	toast
tourte	pie (*US* tart)

INFO CULTURELLE

Du pain !

Si vous allez au rayon boulangerie d'un supermarché en Angleterre, ne vous attendez pas à trouver l'équivalent d'une bonne baguette ou d'un bâtard croustillant… Au mieux, vous trouverez des **rolls**, de *petits pains ronds*. Mais la plupart du temps les Anglais préféreront un pain qui ressemble à notre pain de mie, blanc ou noir, dont ils se servent pour faire les **toasts**.

INFO CULTURELLE

Le pudding

Le terme **pudding** est souvent utilisé comme terme générique pour tout ce qui ressemble à un gâteau, mais parfois aussi à des mets qui s'apparentent au boudin.

À ne pas confondre avec le célèbre **Christmas pudding**, préparé plusieurs semaines avant Noël, souvent fait avec de la graisse de rognon. C'est un mélange foncé très riche, cuit à la vapeur, dans lequel on trouve des fruits secs et des noix.

Les petits plaisirs	**Treats**
confiture	jam
confiture d'orange	marmalade
miel	honey
bonbon	sweet
caramel	toffee
barre chocolatée	chocolate bar
chocolat	chocolate
guimauve	marshmallow

Un petit creux ?

Les Anglo-Saxons sont très friands de **snacks**, douceurs qu'ils grignotent à n'importe quelle heure de la journée. On trouve des bonbons, des chips ou des barres chocolatées à peu près dans tous les magasins.

Le bonbon anglais

Sa réputation n'est plus à faire. Le bonbon anglais renvoie aussi bien aux couleurs acidulées qu'aux sucreries au goût chimique si particulier dont raffolent les petits comme les grands.

Les boissons	Drinks
bière blonde	lager
boisson gazeuse	soda
boisson non alcoolisée	soft drink
chocolat chaud	chocolate
cidre	cider
café	coffee
eau	water
être ivre	be drunk
gueule de bois	hangover
jus d'orange	orange squash
jus de fruit	fruit juice
limonade	lemonade
panaché	shandy
pétillant	sparkling
thé	tea
tournée	round
vin	wine

ATTENTION !

Ne pas confondre **coffee**, la boisson, et **cafe**, le lieu qui s'enorgueillit souvent d'une **French touch**, dans lequel vous pourrez le déguster.

Tea time

Le thé est la boisson nationale de l'Angleterre, où il est bu à n'importe quel moment du jour et de la nuit. Sa consommation se généralise en Angleterre à partir de 1660, sous l'influence de l'épouse du roi Charles II, Catherine de Bragance, qui préfère le thé à l'alcool. L'ensemble de la noblesse commence alors à boire du thé afin de flatter la reine.

INFO CULTURELLE

Whiskey, whisky, blend, etc. ?

Difficile de s'y retrouver, avec toutes ces appellations ! Elles renvoient pourtant bien à des produits différents.

Le **whisky** (ou **scotch**) est produit en Écosse. Il peut être *pur malt*, **single malt**, composé à partir d'orge malté. Si on y ajoute d'autres grains, il prend alors le nom de **blend**. Le **whiskey** est produit en Irlande, et le **bourbon** aux États-Unis.

Les laitages	**Dairy products**
beurre	butter
crème	cream
flan	custard
fromage	cheese
fromage à pâte dure / molle	hard / soft cheese
fromage blanc	fromage frais
fromage maigre	low-fat cheese
fromage râpé	grated cheese
gelée	jelly
lait	milk
yaourt	yoghourt

C'est le laitier !

Tous les matins, le **milkman**, le *laitier*, vient déposer sur le seuil des maisons britanniques des bouteilles de lait frais, juste à temps pour le petit déjeuner. Mais cette profession tend à disparaître, remplacée par les supermarchés.

L'assaisonnement	Seasoning
ail	garlic
assaisonnement de salade	(salad) dressing
ciboulette	chives
condiments au vinaigre	pickles
cornichon	gherkin
crème	cream
épicé	spicy
farine	flour
fromage	cheese
huile	oil
lait	milk
mayonnaise	mayonnaise
moutarde	mustard
oignon	onion
persil	parsley
poivre	pepper
sel	salt
sucre	sugar
vinaigre	vinegar

La vinaigrette

Ne vous attendez pas, dans les pays anglo-saxons, à manger votre salade accompagnée d'une vinaigrette. La salade se mange avec **a salad dressing**, un condiment jaune et crémeux fabriqué à base d'*huile*, **oil**, de *jaune d'œuf*, **egg yolk**, et de *vinaigre*,**vinegar**.

Général	General
denrées alimentaires	foodstuff
frais	fresh
graisse	fat
gras, qui fait grossir	fattening
léger	light
nourrissant	nourishing
pas frais	stale
pourri	rotten
sain	healthy

C'est périmé

Il n'y a pas véritablement de mot pour dire d'un aliment qu'il a passé sa date de péremption. On dira : **It has passed its use-by date**.

Au restaurant/At the restaurant

The other night I ate at a real nice family restaurant. Every table had an argument going.

La nuit dernière j'ai mangé dans un bon petit restaurant familial. Il y avait une dispute à chaque table.

George Carlin

Au bar	At the pub
alcôve	booth
barman	bartender
bière	beer
bière (légère / blonde)	ale
bière blonde	lager
boisson	beverage
boisson non alcoolisée	soft drink
bouteille	bottle
en bouteille	bottled
brasserie	brewery
café	cafe
cannette	can
carafe	jug
comptoir	counter
cubes de glace	ice cubes
demi	half a pint
eau	water
eau du robinet	tap water
eau plate	still water
éméché	tipsy
faux col	head
eau gazeuse	sparkling water
gueule de bois	hangover
limonade	lemonade
liqueur	liquor

eau minérale	mineral water
mineur	underage
monnaie	change
pinte	pint
pression	draught (US draft)
robinet	tap
soda	soda
thé	tea
tournée	round
vin	wine

INFO CULTURELLE

Obtenir sa boisson

En Grande-Bretagne, on va au bar chercher sa boisson et on paie ensuite. Inutile de vous asseoir à une table et d'attendre qu'un serveur vienne prendre votre commande ! Et s'il y a du monde, pas d'inquiétude ; les **bartendres** ont l'œil et vous serviront à votre tour.

INFO CULTURELLE

Dans quelle salle ?

L'accès au pub est strictement réglementé pour les mineurs, mêmes accompagnés. Le **public bar** ou le **lounge bar**, plus confortable, est réservé aux plus de 18 ans. Les enfants n'auront accès qu'à la **family room**, et uniquement pour s'y restaurer. Quant au **private bar**, vous ne pourrez y entrer que si vous faites partie d'un club !

Chacun sa tournée !

Lorsqu'ils sortent à plusieurs, les Anglais pratiquent souvent le **pub crawling**. Le premier paie une *tournée*, **round**, dans un premier pub, le deuxième en paie une autre dans un autre pub et ainsi de suite.

Un verre à moitié plein…

a pint : *un demi-litre*

half a pint : *25 cl*

Les types de restaurants	Types of restaurants
à emporter	take away
bar	pub
café	cafe
cafétéria	cafeteria
fast-food	fast-food restaurant
pizzeria	pizzeria (US pizza parlor)
restaurant traiteur	deli(catessen)
salon de thé	coffee shop
snack	buffet

INFO CULTURELLE

Où manger ?

En Grande-Bretagne, manger au restaurant peut revenir relativement cher. Il est cependant toujours possible de trouver des restaurants indiens ou chinois qui restent abordables, ou de se faire servir un repas simple mais généralement succulent dans un pub – ou encore de se rabattre sur les **fast-food restaurants** presque aussi nombreux en Angleterre qu'aux États-Unis. Autre solution, le **fish and chip shop**, dans lequel on prépare des filets de poisson frit avec des frites, traditionnellement servis dans un cornet de papier journal.

Le service	The service
à la carte	a la carte
brunch	brunch
chef cuisinier	chef
client	customer
commande	order
couverts	server
cuisinier	cook
déjeuner	lunch
dîner	dîner
directeur	manager
entrée	appetizer, first course
garniture	side dish
hors-d'œuvre	starter
maître d'hôtel	head waiter
menu	menu
petit déjeuner	breakfast
plat du jour	special of the day
plat principal	main course
plat	course
pourboire	tip
repas	meal
réservation	reservation
serveur / serveuse	waiter / waitress
souper	supper

Réserver une table – Booking a table

- **Good evening, we'd like a table for four.**
  Bonsoir, nous voudrions une table pour quatre personnes.
- **Did you make a reservation? — Yes we did.**
  Aviez-vous réservé ? — Oui.
- **Sorry but we are full.**
  Désolé, mais nous sommes complets.

Commander – Ordering

- **Are you ready to order? — Yes we are. / No, we aren't ready yet.**
  Avez-vous fait votre choix ? — Oui. / Non, pas encore.
- **What is today's special?**
  Quel est le plat du jour ?
- **Would you care for anything else?**
  Désirez-vous autre chose ?
- **Did you enjoy your meal?**
  Votre repas vous a-t-il plu ?

La cuisson	The cooking
à point	medium
bien cuit	well-done
bouilli	boiled
braisé	braised
cuisiné	cooked
cuit au four	baked
fumé	smoked
grillé	grilled (US broiled)
en purée	mashed
rôti	roast(ed)
saignant	rare
cuit à la vapeur	steamed

L'addition	The bill (*US* check)
bon marché	cheap
caissier	cashier
carte de crédit	credit card
cher	expensive
frais	charge
pourboire	tip
raisonable	reasonable
reçu	receipt
taxe	tax

Service non compris – Service not included

En Grande-Bretagne comme aux États-Unis, le service n'est généralement pas inclus dans l'addition. Il est de tradition d'ajouter environ 15 % à la note pour le service.

Demander l'addition

- **Could I get the bill, please?**
  Pourrais-je avoir l'addition, s'il vous plaît ?

Chapitre 6

L'habillement

Clothes and manners do not make the man; but, when he is made, they greatly improve his appearance.

Les vêtements et les bonnes manières ne font pas l'homme. Mais une fois celui-ci fait, ils améliorent grandement son apparence.

Henry Ward Beecher

Il ne suffit pas de se nourrir quand on est à l'étranger. Il faut aussi pouvoir se vêtir et se chausser, acheter des vêtements ou des chaussures, et se retrouver dans les tailles et différents styles – avec un détour par quelques accessoires et bijoux.

Les vêtements/Clothes

Les vêtements	Clothes
bleu de travail	**o**veralls
blouson	j**a**cket
chemise	shirt
chemisier	blouse
costume	suit
coupe-vent	w**i**ndcheater (*US* w**i**ndbreaker)
gilet	c**a**rdigan
imperméable	r**ai**ncoat
jeans	jeans
jupe	skirt
manteau	coat
pantalon	tr**ou**sers (US pants)

pardessus	**o**vercoat
pullover	p**u**llover
robe	dress
salopette	d**u**ngarees
smoking	t**u**xedo
sweater	sw**ea**ter, jumper
taille-basse	h**i**psters
tailleur	suit
veste	j**a**cket
vêtement	garment

INFO CULTURELLE

Le kilt

Le kilt est certainement, avec le chapeau melon, le vêtement britannique le plus célèbre. C'est une jupe de laine traditionnelle écossaise courte et plissée, fabriquée en tartan, portée aussi bien par les femmes que par les hommes. Selon la légende, les Écossais ne porteraient rien sous leur kilt, mais cela reste encore à vérifier…

Les sous-vêtements	**Underwear**
bas	st**o**cking
boxer, caleçon	b**o**xer shorts
chaussette	sock
chemise de nuit	n**i**ghtdress, n**i**ghtie
collant	tights
combinaison	slip
culotte, slip de femme	kn**i**ckers (*US* p**a**nties)
jupon	p**e**tticoat
maillot de corps	vest (*US* **u**ndershirt)
pyjama	pyj**a**mas (*US* paj**a**mas)
robe de chambre	dr**e**ssing gown
slip (homme)	**u**nderpants
socquette	**a**nkle-sock

soutien-gorge	bra
string	thongs

POINT DE GRAMMAIRE

En anglais, les vêtements composés de deux parties (les deux jambes d'un pantalon, d'un collant, etc.) sont toujours au pluriel : **trousers**, **pants**, *pantalon*, **tights**, *collant*, **pyjamas**, *pyjama*, **shorts**, *short*, **panties**, *culotte*…

Les accessoires	Accessories
boucle de ceinture	buckle
bretelles	braces, suspenders
casquette	cap
ceinture	belt
chapeau	hat
cravate	tie
écharpe	scarf
gant	glove
mouchoir	handkerchief
mouchoir en papier	tissue
moufle	mitt, mitten
nœud papillon	bow-tie
parapluie	umbrella
portefeuille	wallet
sac à main	handbag (*US* purse)

Un pluriel irrégulier

Attention au pluriel de **scarf** (*une écharpe*), qui devient **scarves**.

INFO CULTURELLE

Chapeau melon et bottes de cuir

Symbole de respectabilité britannique s'il en est, le *chapeau melon*, **bowler hat**, a été conçu à l'origine pour les paysans et les serviteurs, afin de remplacer les chapeaux mous qui ne résistaient pas à la vie rurale.

Les chaussures	Footwear
baskets, chaussures de sport	tr**ai**ners, sn**ea**kers
botte	boot
bottine	half-boot
bottes en caoutchouc	boots r**u**bber ()
chaussure de chantier	work boots
chausson	sl**i**ppers
chaussures de sport	tr**ai**ning shoes
cirer ses chaussures	shine one's shoes
cordonnier	c**o**bbler
escarpin	court, pump (*US* shoe)
talon haut	high heel
lacets	shoe lace /thongs
mocassin	l**oa**fers
paire de chaussures	pair of shoes
chaussures à crampons	spikes
pointure	size
ressemeler	resole
sabot	clogs
sandale, nu-pied	sandal
semelle	sole
talon	heel
talon aiguille	stil**e**tto
tongue / savate	flip-flop

Vous chaussez du combien ?

En Angleterre ou aux États-Unis, la *pointure*, **size**, des chaussures se mesure avec un chiffre compris entre 0 et 12, valeur différente suivant que l'on parle de chaussures pour homme, pour femme ou pour enfant… Par exemple, un 39 femme équivaudra à une pointure 6 en Angleterre (8 aux USA), mais à une pointure 6 ½ pour les hommes.

- **What size do you take?**
  Quelle est votre pointure ?
- **What size shoes?**
  Des chaussures de quelle pointure ?

Les bijoux	**Jewelry**
alliance	w**e**dding ring
ambre	**a**mber
améthyste	**a**methyst
argent	silver
bague	ring
bijou	j**e**wel
bijoutier	j**e**welry store
boucle d'oreille	**ea**rring
bouton de manchette	c**u**fflinks
bracelet	br**a**celet
broche	broach
collier	n**e**cklace
couronne	crown
diamant	d**i**amond
horloger	w**a**tchmaker
montre	watch
or	gold
perle	pearl
pierre précieuse	g**e**mstone
platine	pl**a**tinum
rubis	ruby
saphir	sapph**i**re
topaze	t**o**paz

INFO CULTURELLE

Les joyaux de la couronne

La collection des *joyaux de la Couronne britannique*, **Crown Jewels**, est considérée comme l'une des plus importantes et précieuses au monde. Elle est exposée sous bonne garde à la *Tour de Londres*, **Tower of London**, et réunit les différents attributs du pouvoir royal (couronnes, sceptres, épées, bagues, etc.) depuis la moitié du XVIIe siècle.

La couture/Dressmaking

Fashion is a form of ugliness so intolerable that we have to alter it every six months.

La mode est une forme de laideur si intolérable que nous sommes obligés de la changer tous les six mois.

Oscar Wilde

La mode	Fashion
à la mode	fashionable, trendy
ample	loose, baggy
assembler	stitch
bien habille	well-dressed
boutonner / bouton	button
de bon goût	tasteful
décolleté	low-cut
décontracte	casual/informal
défilé	fashion show
démoder	out of date
déshabiller	strip off
élégant	smart
enfiler	slip on
grand couturier	designer
habiller	dress up
haute couture	couture
mannequin	model
podium	catwalk (*US* runway)
prêt-à-porter	ready-to-wear
serré, près du corps	tight, close-fitting
sur mesure	tailor-made
tendance	trendy
vêtement	garment

Confection	Making clothes
coudre	sew
couture (une)	seam (a)
couturière	dress maker, seamstress
essayer	try on
laver à la main	wash by hand
machine à coudre	sewing machine
pendre	hang
plier	fold
raccommoder, repriser	mend
repasser	iron, press
retoucher	alter
rétrécir	Shrink
sécher	dry
broder	embroider
broderie	embroidery

Décrire les vêtements	Describing clothes
à manches longues / courtes	long / short-sleeved
aller bien	fit, suit
bonnet, capuche	hood
bouton	button
boutonnière	buttonhole
braguette	fly, flies
col	collar
décolleté	neckline
manche	sleeve
ourlet	hem
poche	pocket
porter (un vêtement)	wear
revers	lapel
revers du pantalon	turns up
tout en noir	dress in black

En cabine d'essayage

- **What size do you take?**
  Quelle taille faites-vous ?
- **That dress needs altering.**
  Il faut retoucher cette robe.
- **It fits you like a glove.**
  Ça te va comme un gant.

Les tailles pour homme

F	UK/US
38	28
40	30
42	32
44	34
46	36
48	38
50	40
52	42

Les tailles pour femmes

F	UK	US
36	10	6
38/40	12	8
42	14	10
44/46	16	12
48	18	14

Le tissu	Fabric
à carreaux	checked
à pois	dotted
à rayures	striped
coton	cotton
dentelle	lace
écossais	tartan
fripé	crumpled
froissé	creased
imperméable	waterproof

imprimé	printed
laine	wool
lavable	washable
lin	linen
satin	satin
soie	silk
textile	textile
uni	plain
velours	velvet

INFO CULTURELLE

Vous avez dit tartan ?

Le tartan est une étoffe de laine à carreaux, traditionnellement utilisé dans les Highlands pour les plaids et les kilts. Chaque motif, constitué de bandes alternées de fils de laine tissés, représente souvent un clan écossais précis.

INFO CULTURELLE

Bien dans son jean

La toile de jean est en fait à l'origine une toile qui venait soit de Gênes en Italie (d'où le nom **jean**), soit de Nîmes en France (d'où l'appellation **denim**) et servait à fabriquer les voiles des navires. C'est Levi Strauss qui, le premier, eut l'idée d'utiliser cette toile très solide pour fabriquer les pantalons qui ont fait sa fortune.

Chapitre 7

Le travail

Inflation is when you pay fifteen dollars for the haircut you used to get for five dollars when you had hair.

L'inflation, c'est payer quinze dollars la coupe de cheveux – alors que vous ne payiez que cinq dollars quand vous aviez des cheveux.

Sam Ewing

Dans ce chapitre important, on abordera successivement des aspects de l'économie puis le monde du travail avec les fonctions diverses que l'on peut occuper dans l'entreprise, les différents lieux de travail, de nombreux noms de métiers, et le monde de l'éducation.

L'économie/Economics

Les tendances	Trends
améliorer	impr**o**ve
s'améliorer	get better
augmenter / augmentation	incr**ea**se
avoir les moyens de	aff**o**rd
biens	goods
commerce	trade, b**u**siness
croissance	growth
déclin	decl**i**ne
diminuer / diminution	decr**ea**se, fall
être endetté	be in debt
être en baisse	be on the decl**i**ne
être en hausse	be on the incr**ea**se

florissant	thriving
impôt sur le revenu	income tax
manquer / manque	lack
marchandises	goods
niveau de vie	standard of living
priver de	deprive of
qualité de vie	quality of life
répandu	widespread
soutenir / soutien	support
subvention	subsidy
taux d'intérêt	interest rate
taxer / taxe	tax
tendance	tendency

Les soubresauts de l'économie

- **A booming / thriving economy.**
  Une économie florissante.
- **A recession.**
  Une récession.
- **The economic recovery.**
  La reprise de l'économie.
- **An economic crisis.**
  Une crise économique.

Les pauvres et les riches	The rich and the poor
à l'aise	well-off
affligé	distressed
aisé	well-off
analphabète, illettré	illiterate
analphabétisme	illiteracy
dénuement (dans le)	destitute
dette, endettement	debt
devoir	owe
faim	hunger
se nourrir de	live on
pauvreté, misère	poverty, misery
planning familial	family planning

privation	hardship
récolte	crop, h**a**rvest
revenu	**i**ncome
riche	rich, w**ea**lthy
souffrir de	s**u**ffer from

Les chats s'engraissent !

- **The fat cats who run the City.**
  Les gros richards qui dirigent la City.

L'entreprise	The company
les affaires	b**u**siness
bénéfice, profit	pr**o**fit
client	c**u**stomer
commander / commande	**o**rder
commerce	trade, b**u**siness
coût	cost
demande	dem**a**nd
entreprise	b**u**siness
exporter / exportation	exp**o**rt
fabriquer / fabrication	manuf**a**cture
formation	training
fournir	prov**i**de
les frais	costs
gamme	range
gérer	m**a**nage, run
importer / importation	imp**o**rt
impôt	tax
industriel	ind**u**strial
lancer / lancement	launch
livraison, distribution	del**i**very
livrer	del**i**ver
marchandises	goods
perte	loss
produit	pr**o**duct
rabais	discount

usine	factory (*US* plant)
vente	sale
vente au détail	retail sale
vente en gros	wholesale

Un mot bien pratique

Vous pouvez utiliser le mot **company** pour traduire tous ces mots français : *société, établissement, compagnie, entreprise.*

Les échanges	Exchanges
balance commerciale	balance of trade
déficit commercial	trade gap
dépense	expenditure
économie planifiée	planned economy
libre-échange	free trade
libre entreprise	free enterprise
marché du travail	job market
marques	brands
mondialisation	globalization
monnaie	currency
signer un accord	sign an agreement
tertiaire	service industries

Dans les tuyaux

L'expression **It's in the pipeline at the moment**, littéralement *C'est dans les tuyaux*, signifie *C'est en train de se passer.*

Une solution enviable

L'expression **It is a win-win situation**, qui signifie littéralement *C'était une situation gagnant-gagnant*, correspond à l'expression française *Chacun y a trouvé son compte.*

Au travail/At work

The best way to appreciate your job is to imagine yourself without one.

Le meilleur moyen d'apprécier son travail, c'est de s'imaginer que l'on est au au chômage.

Oscar Wilde

Le personnel	The staff
cadre moyen	middle m**a**nager
cadre supérieur	s**e**nior ex**e**cutive
col-bleu / blanc	blue / white c**o**llar w**o**rker
création d'emplois	job cre**a**tion
direction, gestion	management
emploi	job
employé(e)	employ**ee**
employer	employ
employeur	empl**oy**er
formation	tr**ai**ning
gérer	m**a**nage, run
homme / femme d'affaires	b**u**sinessman / woman
main-d'œuvre	w**o**rkforce
ouvrier	w**o**rker
patron	boss
P-DG	m**a**naging director
personnel	staff
président	ch**ai**rman
propriétaire	**o**wner
réunion	m**ee**ting
syndicat	trade **u**nion

Conditions de travail	Working conditions
avantages	perks
bien / mal payé	well / ill-paid
boulot	job
carrière	car**ee**r

congé	leave, h**o**liday
faire un stage	go on a course
former	train
grève	strike
horaires	hours of work
métier	trade, prof**e**ssion
grève (faire)	strike (go on)
signer un accord	sign an agr**ee**ment
prime	bonus
profession libérale	prof**e**ssion
promouvoir	prom**o**te
SMIC	m**i**nimum wage
voiture de service	c**o**mpany car
congé de maternité	mat**e**rnity leave
congé de maladie	sick leave
salaire, traitement	s**a**lary, wages
à plein temps	full-time
à temps partiel	part-time

INFO CULTURELLE

Petits boulots

Beaucoup d'étudiants travaillent pour financer leurs études, qui, aux États-Unis en particulier, sont souvent très chères. On parle alors de **student jobs**, *jobs d'étudiants*, de **summer jobs**, *jobs d'été*, de **temporary jobs**, *jobs temporaires*, ou encore de **internships**, *stages*.

Travailler plus...

- **All work and no play makes Jack a dull boy.**
  Trop de travail abrutit.

Chercher un emploi	Looking for a job
bonne présentation	good appearance
boulot	job
capacités	abilities
compétences	skills
connaissances	knowledge
de courte durée	short-term
culture générale	general education
débutant	beginner
demandeur d'emploi	job-seeker
diplômé	qualified
diplômes	qualifications
embaucher	take on, employ
entretien	job interview
expérimenté	experienced
intérimaire	temporary (worker)
offre d'emploi	job offer
offrir	offer
poste	post, position
postuler pour	apply for
projet	plan
qualifications	qualifications
qualifié	qualified
recrutement	recruitment
recruter	recruit
réinsertion	retraining
rendez-vous	appointment

Pour chercher un emploi

- **Following your advertisement in...**
  Suite à votre annonce parue dans...
- **Following our phone conversation...**
  Suite à notre conversation téléphonique...
- **In reply to your letter of the 2nd May...**
  En réponse à votre lettre du 2 mai...

- **Could you confirm…**
  Pourriez-vous confirmer…
- **I'll let you know…**
  Je vous ferai savoir…

Le chômage	**Unemployment**
allocation chômage	unempl**oy**ment b**e**nefit
au chômage	unempl**oy**ed, out of work
chiffres du chômage	unempl**oy**ment f**i**gures
chômeur	unempl**oy**ed p**e**rson
de courte durée	short-term
diminuer / diminution	decr**ea**se
licenciement	redundancy
licencier	lay off, fire
de longue durée	long-term
de moyenne durée	m**e**dium-term
plan social	red**u**ndancy plan
renvoyer	sack, fire
supprimer (des postes)	get rid of (jobs)
être en surnombre	be red**u**ndant

Le lieu de travail/The workplace

I've worked in a factory. I've been a garbage man. I've worked in a post office. I'm just a regular guy.

J'ai travaillé dans une usine. J'ai été éboueur. J'ai travaillé dans un bureau de poste. Je suis comme tout le monde.

Denzel Washington

Au bureau	At the office
accueil	reception
accueillir	greet
appeler	call
classer	file, do the filing
comptes	accounts
courrier électronique	e-mail
dactylo (personne)	short-hand typist
détaillé	detailed
efficace	efficient, effective
envoyer un courriel	send an e-mail
envoyer, expédier	send
faire un stage	go on a course
faxer / le fax	fax
interpréter / interprète	interpret / interpreter
prendre des notes	take notes
rédiger un rapport	write, draw up a report
réunion	meeting
taper	type
téléphoner à	telephone
texto	text message
traduction	translation
traduire	translate
travailler à l'expédition	work in despatch
vidéoconférence	videoconference

Le métier le plus courant au Royaume-Uni

Il y a environ 4 millions de personnes qui travaillent dans des bureaux au Royaume-Uni, un pays dont les services sont le pilier de la vie économique.

L'équipement du bureau	**Office equipment**
efficace	effi**c**ient, eff**e**ctive
fournir	prov**i**de
fournitures	office equ**i**pment
informatique	inform**a**tion techn**o**logy
logiciel	s**o**ftware
matériel	h**a**rdware
ordinateur	comp**u**ter
photocopieur	ph**o**tocopy
photocopieuse	ph**o**tocopier
récepteur d'appel	p**a**ger
rédaction (d'un rapport)	writing (of a report)
télécopieur, le fax	fax machine
téléphone	t**e**lephone
téléphone portable	mob**i**le, cell phone
traitement de texte	word proc**e**ssing

À l'usine	**In a factory**
atelier	workshop
bidon	can
chaîne d'assemblage	ass**e**mbly line
contremaître	f**o**reman
entretenir	maint**ai**n
faire fonctionner	**o**perate
fonctionner	work
fondre	smelt
graisse, huile	oil
haut-fourneau	f**u**rnace
machine-outil	mach**i**ne tool
matières premières	raw mat**e**rials
moteur	**e**ngine, m**o**tor

être en panne	break down
panneau de contrôle	contr**o**l p**a**nel
percer, forer	drill
piloté par ordinateur	comp**u**ter contr**o**lled
pompe	pump
réparer	rep**ai**r
robot	r**o**bot
système, engin	dev**i**ce
usine métallurgique	**i**ronworks, **i**ron plant

La guerre des cerveaux

Tandis que le mot *ingénieur* en France se réfère à une qualification précise, le mot **engineer** désigne à la fois des *techniciens qualifiés* et des *ingénieurs*.

Le commerce	Trade
acheter	p**u**rchase, buy
caisse	check-out
caissier	c**a**shier
client	c**u**stomer
commander / commande	**o**rder
concessionaire (auto)	car d**ea**ler
distribuer	deal in
emballer, conditionner	p**a**ckage
entrepôt	w**a**rehouse
étiquette	l**a**bel, price tag
facture	**i**nvoice
faire le commerce de	trade in
garantie	guarant**ee**
grossiste	wh**o**lesaler
livrer	del**i**ver
magasin (grand)	(dep**a**rtment) store
magasin, boutique	shop
manipuler	handle
plainte	compl**ai**nt
prix	price

soldes	sales
vendre	sell
vente	sale
vitrine	shop window

L'important, c'est le service

Les services définis parfois comme des « biens non tangibles » exigent de l'attention, du conseil, de l'expérience et de la discussion. La production d'information est parfois appelée **the quaternary sector** (*secteur quaternaire*).

La construction	**The building industry**
construire	build
pierre	stone
brique	brick
chef de chantier	f**o**reman
échafaudage	sc**a**ffolding
béton	concr**e**te
chantier	b**ui**lding site
démolir	demolish, pull down
poser les fondations	lay the found**a**tions
entrepreneur	contr**a**ctor
creuser	dig, **e**xcavate
marteau-piqueur	drill

Les métiers/Jobs

Politics is a profession; a serious, complicated and, in its true sense, a noble one.

La politique est une profession ; une profession sérieuse, compliquée et noble.

Dwight David Eisenhower

Les métiers (A à C)	Jobs (A to C)
acteur / actrice	**a**ctor / actress
agent de voyage	tr**a**vel **a**gent
architecte	**a**rchitect
artisan	cr**a**ftsman
avocat	sol**i**citor
banquier	b**a**nker
barbier	barber
barman / barmaid	b**a**rman / b**a**rmaid
bijoutier	j**e**weler
boucher	butcher
boulanger	b**a**ker
cadre	ex**e**cutive
caméraman	TV c**a**meraman
chauffeur	chauff**eu**r
chauffeur de bus / taxi	bus / t**a**xi dr**i**ver
chef	chef
chef de service	m**a**nager
chirurgien	s**u**rgeon
coiffeur	h**ai**rdresser
comptable	acc**ou**ntant
cordonnier	sh**oe**maker
courtier	br**o**ker
cuisinier	cook

Je suis cuisinier

- **I am a cook. He is a teacher.**
  Je suis cuisinier. Il est professeur.

En anglais, on met l'article **a / an** devant le nom du métier.

Les métiers (D à J)	Jobs (D to J)
décorateur	d**e**corator
dentiste	d**e**ntist
designer	des**i**gner
directeur d'école	head t**ea**cher
directeur de société	c**o**mpany dir**e**ctor
éboueur	g**a**rbage man
écrivain	wr**i**ter
éditeur	**e**ditor
électricien	electr**i**cian
employé de bureau	clerk
esthéticienne	b**eau**tician
fermier	f**a**rmer
fonctionnaire	c**i**vil s**er**vant
gardien	caretaker
gardien de prison	pr**i**son **o**fficer, w**a**rder
horloger	watchmaker
imprimeur	pr**i**nter
infirmier / infirmière	nurse
journaliste	j**ou**rnalist
juge	judge
juriste	l**a**wyer

Un artisan, des artisans

Si l'on emploie des mots différents en anglais, en américain, on utilise le terme unique **artisan** :

- **skilled workman, tradesman / tradeswoman**
  artisan / artisane
- **craftsman / craftswoman**
  artisan d'art / artisane d'art

Les métiers (M à P)	Jobs (M to P)
maçon	b**ui**lder
marchand de poissons	f**i**shmonger
marin	s**ai**lor
mécanicien	mech**a**nic
médecin	d**o**ctor
menuisier	c**a**rpenter
metteur en scène	film dir**e**ctor
mineur	m**i**ner
musicien	mus**i**cian
officier de police	pol**i**ce **o**fficer
opérateur	**o**perator
opticien	opt**i**cian
pêcheur	f**i**sherman
peintre	p**ai**nter
pharmacien	ph**a**rmacist
photographe	phot**o**grapher
pilote	p**i**lot
plombier	pl**u**mber
policier	pol**i**ceman
politicien	polit**i**cian
pompier	fire f**i**ghter
porteur	p**o**rter
présentateur de télé	news pres**e**nter
Professeur (école)	t**ea**cher
professeur (université)	prof**e**ssor
programmeur	comp**u**ter **o**perator

Masculin et féminin

Les noms qui comportent le mot **man** peuvent être mis au féminin en remplaçant **man** par **woman** :

a cameraman / a camerawoman

Certains mots qui se terminent par **-er** ont un féminin en **-ess** :

- **actor / actress**
  acteur / actrice

On peut toujours faire précéder les noms par le mot **woman** :

- **a woman doctor**
  une doctoresse

Les métiers (R à V)	Jobs (R to V)
réceptionniste	rec**e**ptionist
savant	sc**i**entist
secrétaire	**a**ssistant, s**e**cretary
secrétaire de direction	p**e**rsonal **a**ssistant
serveur / serveuse	w**ai**ter / w**ai**tress
soldat	s**o**ldier
steward / hôtesse de l'air	flight att**e**ndant
tailleur	t**ai**lor
technicien supérieur	engin**ee**r
vendeur / vendeuse	s**a**lesman / s**a**leswoman, shop ass**i**stant
vétérinaire	vet

L'éducation/Education

The difference between school and life? In school, you're taught a lesson and then given a test. In life, you're given a test that teaches you a lesson.

La différence entre l'école et la vie ? À l'école, on vous donne une leçon, puis vous passez une épreuve. Dans la vie, on vous fait passer des épreuves qui vous donnent des leçons.

Tom Bodett

Le système éducatif	The education system
apprenti	appr**e**ntice
bourse	sch**o**larship
châtiment corporel	c**a**ning, c**o**rporal p**u**nishment
collège	s**e**condary school (*US* j**u**nior high school)
cours	tu**i**tion
discipline	d**i**scipline
doué	gifted
droits d'inscription	registr**a**tion fee
école maternelle	n**u**rsery school
école privée	b**oa**rding school
éducation	educ**a**tion
enseignement à domicile	h**o**meschooling
établissement d'enseignement supérieur	c**o**llege
facultatif	el**e**ctive
illettré	ill**i**terate
lycée	high school
lycée professionnel	voc**a**tional school
obligatoire	comp**u**lsory
option	**o**ptional s**u**bject
parascolaire	extracurr**i**cular
programme	curr**i**culum
punition	p**u**nishment
récréation	break

scolaire	acad**e**mic
stage	**i**nternship, pl**a**cement
uniforme	**u**niform
université	univ**e**rsity

Le collège

On dit **Junior high school** aux États-Unis., et **secondary school** en Grande Bretagne.

ATTENTION ! Le mot **college** (*faculté*) est un faux ami. Il s'applique à l'université.

Le système scolaire

<table>
<tr><th colspan="3">France</th><th colspan="2">UK</th><th colspan="2">USA</th></tr>
<tr><td>6 ans</td><td>CP</td><td rowspan="5">primaire</td><td>Key stage 1</td><td></td><td>1st grade</td><td rowspan="5">Elementary</td></tr>
<tr><td>7 ans</td><td>CE1</td><td rowspan="4">Key stage 2</td><td rowspan="4">Junior</td><td>2nd grade</td></tr>
<tr><td>8 ans</td><td>CE2</td><td>3rd grade</td></tr>
<tr><td>9 ans</td><td>CM1</td><td>4th grade</td></tr>
<tr><td>10 ans</td><td>CM2</td><td>5th grade</td></tr>
<tr><td>11 ans</td><td>6e</td><td rowspan="4">college</td><td rowspan="3">Key stage 3</td><td rowspan="5">Secondary</td><td>6th grade</td><td rowspan="3">Junior high</td></tr>
<tr><td>12 ans</td><td>5e</td><td>7th grade</td></tr>
<tr><td>13 ans</td><td>4e</td><td>8th grade</td></tr>
<tr><td>14 ans</td><td>3e</td><td rowspan="2">Key stage 4</td><td>Freshman year</td><td rowspan="4">High</td></tr>
<tr><td>15 ans</td><td>2de</td><td rowspan="3">lycée</td><td>Sophomore year</td></tr>
<tr><td>16 ans</td><td>1re</td><td rowspan="2">A level</td><td rowspan="2">6th form</td><td>Junior year</td></tr>
<tr><td>17 ans</td><td>Terminale</td><td>Senior year</td></tr>
</table>

Les gens	People
ancien(s) élève(s)	al**u**mnus(-i)
conseiller d'éducation	c**ou**nselor
délégué	st**u**dent representative
diplômes	gr**a**duates
directeur	head t**ea**cher
éducateur spécialisé	youth w**o**rker
élève	pupil, st**u**dent
étudiant	st**u**dent, **u**ndergraduate
personnel	staff
principal	pr**i**ncipal
professeur	t**ea**cher
proviseur	headmaster
surveillant	s**u**pervisor
tuteur	t**u**tor

Pour commencer la journée à l'école

Dans les écoles britanniques, la journée de cours commence généralement par **the assembly** (*l'assemblée*) : les élèves se réunissent dans le hall pour être informés par le **headmaster** (*proviseur*) des actualités de l'école.

Dans la classe	In the classroom
appel	registr**a**tion
apprendre	learn
cahier	c**o**pybook
cartes murales	m**u**ral map
casier	l**o**cker
comprendre	underst**a**nd
craie	chalk
devoir à la maison	h**o**mework
écrire à la craie	chalk
effets scolaires	school **i**tems
enseigner	teach
éponge	sponge

globe terrestre	globe
leçons	l**e**ssons
magnétophone	tape rec**o**rder
manuel	book
rétroprojecteur	OHP (**o**verhead proj**e**ctor)
tableau	board
trimestre	term
uniforme	**u**niform
vacances	h**o**lidays
vidéoprojecteur	v**i**deo proj**e**ctor

INFO CULTURELLE

Les uniformes

Beaucoup d'écoles britanniques perpétuent la tradition de l'uniforme, des plus petites classes jusqu'au secondaire. Les garçons portent chemise, cravate et blazer, les filles un chemisier blanc et une jupe. Plus les élèves avancent dans le système scolaire et plus les règles vestimentaires s'assouplissent.

Les examens	Exams
consigne	instr**u**ction
copie	p**a**per
corriger des copies	mark / grade p**a**pers
diplôme	dipl**o**ma
diplôme universitaire	degr**ee**
évaluation	ass**e**ssment
évaluer	ass**e**ss
examens	examin**a**tions
exercice	**e**xercise
note	mark (*US* grade)
questionnaire	quiz
rater	fail
se relire	pr**oo**fread

remise des diplômes	gradu**a**tion
réussir	pass
secrétaire	s**e**cretary
tâche	task
test	test

Un certificat à 16 ans

Le **General Certificate of Secondary Education** (**GCSE**) (qui équivaut plus ou moins au brevet) est un diplôme passé par les élèves britanniques à partir de l'âge de 16 ans. Ils peuvent, une fois ce diplôme obtenu, soit continuer leurs études, soit entrer dans la vie active.

Le high school diploma

Il n'y a pas de diplôme fédéral américain, chaque école décernant son propre diplôme de fin d'études obligatoires. L'obtention de ce diplôme, qui leur est remis solennellement au cours d'une cérémonie nommée **high-school graduation**, marque pour les jeunes Américains le passage à la vie adulte.

Les disciplines	**School subjects**
algèbre	alg**e**bra
dessin / arts platiques	art
biologie	b**i**ology
chimie	ch**e**mistry
informatique	comp**u**ter science, ICT
économie	econ**o**mics
anglais	English
français	French

géographie	g**e**ography
géologie	g**e**ology
géométrie	g**e**ometry
allemand	G**e**rman
sports (EPS)	ph**y**sical educ**a**tion (PE)
éducation à la santé	health
histoire	h**i**story
économie familiale	home econ**o**mics
littérature	l**i**terature
mathématiques	m**a**thematics
musique	m**u**sic
physique	ph**y**sics
lecture	re**a**ding
sciences et vie de la terre (SVT)	sc**i**ence
sciences économiques et sociales (SES)	s**o**cial st**u**dies
écriture	wr**i**ting

INFO CULTURELLE

Les A-levels

Pour entrer à l'université, les jeunes Britanniques doivent justifier de l'obtention de trois ou quatre **A-levels** à l'issue de leurs deux dernières années d'éducation secondaire. Ils choisissent donc trois ou quatre matières, qu'ils décident de présenter à l'examen en fonction du type d'université dans lequel ils ambitionnent de continuer leurs études.

Les lieux de l'école	**School places**
bibliothèque	l**i**brary
bureau	**o**ffice
bureau du principal	pr**i**ncipal's room
campus	c**a**mpus
cantine	cafet**e**ria
cour de récréation	pl**ay**ground
dortoir	d**o**rmitory
école	school
gymnase	gym
laboratoire	lab
piscine	sw**i**mming pool
salle de classe	classroom
salle des professeurs	teacher's room, staff room
terrain de baseball	baseball field
terrain de football	s**o**ccer field
toilettes	b**a**throom
vestiaire	l**o**cker room

Ne pas confondre : La *bibliothèque*, **library**, et la *librairie*, **bookshop**.

Chapitre 8

Le commerce

Never spend your money before you have earned it.
Ne dépensez jamais votre argent avant de l'avoir gagné.

Thomas Jefferson

Le commerce est le pilier des deux pays anglophones auxquels nous nous référons tout au long de cet ouvrage, la Grande-Bretagne et les États-Unis. Nous aborderons successivement l'argent, qu'en faire et comment s'en servir, tout ce qui concerne les courses et le shopping, puis la publicité.

L'argent/Money

Ce que l'on en fait	What you do with it
dépenser	spend
devoir	owe
donner	don**a**te
emprunter	borrow
épargner	save
faire faillite	go b**a**nkrupt
gagner (loterie)	win
gagner (salaire)	earn
gaspiller	waste
payer	pay
prêter	lend
rembourser	pay back
retirer	withdr**a**w, take out

Comment joindre les deux bouts ?

Les anglophones ont une expression identique :

- **She finds it difficult to make ends meet.**
  Elle a du mal à joindre les deux bouts.

Un sujet qui n'est pas tabou

Certes, parler d'agent n'est plus tout à fait considéré comme inconvenant en France, mais nous restons quand même discrets. En revanche, ne soyez pas choqué(e) si un Américain vous demande combien vous gagnez. L'argent est signe de réussite, donc récompense le travail, et il est respecté comme tel dans la pure tradition protestante qui est le fondement de la civilisation américaine.

Richesse et pauvreté	Richness and poverty
aisé	well off
avare	mean
dépensier	extr**a**vagant
fauché	broke, hard up
généreux	g**e**nerous
indigent	d**e**stitute
pauvre	poor
prospère	pr**o**sperous
riche	**a**ffluent, rich, w**ea**lthy

À court d'argent ?

Il existe beaucoup d'expressions en anglais pour décrire cette situation bien commune :

- **I ran out of money.**
  Je me suis retrouvé à court d'argent.
- **I was broke / I was down and out.**
  J'étais complètement fauché.
- **He is pennyless. / They are in the red.**
  Il n'a pas un sou. / Ils sont dans le rouge.

Un idiome bien joli !

L'expresion **I feel like a million dollars**, littéralement *Je me sens comme un million de dollars*, signifie *Je me sens en pleine forme.*

Il a de la chance !

He was born with a silver spoon in his mouth and never had to work in his life veut dire littéralement : *Il est né avec une cuillère d'argent dans la bouche* – c'est-à-dire dans une famille riche – *et il n'a jamais été obligé de travailler de toute sa vie.*

L'argent que l'on gagne	Earning
augmentation	rise
prime	bonus
revenus	earnings, income
salaire	salary, wage
honoraire	fee
frais de déplacement	travel expenses

À la banque	At the bank
accorder	grant
billet	bank note
caissier	cashier
chèque	check
compte en banque	bank account
cours du change	exchange rate
crédit	mortgage
dette	debt
distributeur d'argent	ATM, cash machine
économies	savings
liquide	cash
monnaie	currency
monnaie (petite)	change (small)
pièce de monnaie	coin
prêt	loan

relevé de compte	bank statement
retirer	withdraw, take out

La monnaie en deux mots

L'anglais dispose de deux mots pour parler de la monnaie : **currency**, qui fait référence aux monnaies financières, comme le dollar, la livre sterling, etc., et **change**, pour la monnaie que vous rend le commerçant.

- **Do you have change?**
  Avez-vous de la monnaie ?

Faire des achats	Buying
achat	purchase
acheter	purchase
affaire	bargain
avoir de la valeur	be valuable
coût	cost
dépense	expense
expédition shopping	shopping spree
facture	bill
porte-feuille	wallet (*US* purse)
prix	price
reçu	receipt
réduction	discount
remboursement	refund
soldes	sale
valeur	value
valoir	be worth

C'est cash !

Une question rituelle à la caisse aux États-Unis : **Cash or credit?**, c'est-à-dire : *Vous payez en liquide ou avec votre carte ?*

Et puis, une affichette que vous verrez souvent : **Cash and carry**, *Vous payez, vous emportez*… et vous pourrez peut-être **get a good price / get a discount**, *avoir une ristourne.*

Les courses/Shopping

Whoever said money can't buy happiness simply didn't know where to go shopping.

Celui qui a dit que l'argent ne fait pas le bonheur ne savait tout simplement pas où aller faire ses courses.

Bo Derek

Les consommateurs	Consumers
acheter	purchase
acheter à crédit	buy on credit
argent liquide	cash
avoir le choix	have the choice
avoir les moyens (financiers)	afford
biens de consommation	consumer goods
carte de crédit	credit card
client	customer
défense du consommateur	consumerism
dépenser de l'argent en	spend money on
en plusieurs versements	installments
faire du lèche-vitrines	go window shopping
faire les magasins	shop around for
payer	pay for
payer en espèces	pay cash
pouvoir d'achat	purchasing power
se décider	make up one's mind

Dans les magasins

- **Are you being helped? / I'm just browsing.**
  Quelqu'un s'occupe de vous ? / Je regarde seulement.
- **Where is the changing room?**
  Où est la cabine d'essayage ?
- **How would you like to pay?**
  Vous réglerez comment ?
- **I'll pay (with) cash / by credit card.**
  Je réglerai en liquide / avec une carte de crédit.

Les prix	Prices
acompte	dep**o**sit
augmentation	rise
augmenter	incr**ea**se
baisse	drop, fall
coût	cost
échanger	to exch**a**nge
facture	an **i**nvoice
fixer un prix	set a price
marchander	b**a**rgain over
prix	price
prix compétitifs	comp**e**titive prices
prix de vente	s**e**lling price
prix qui montent en flèche	skyr**o**cketing prices
prix tout compris	incl**u**sive price
reçu	rec**ei**pt
réduire les prix	cut / red**u**ce the price
tarif	price list
TVA	VAT (Value Added Tax)
valeur	v**a**lue
vendre à moitié prix	half price

En quelle monnaie ?

Bien que faisant partie de l'Europe, le Royaume-Uni n'appartient pas à la zone euro. Même s'il est de plus en plus souvent possible pour les Européens de payer avec des euros, la monnaie d'échange britannique reste la livre sterling (£).

1 pound = 100 pence (£1 = 100p)

Attention au pluriel irrégulier : **1 penny** mais **10 pence.**

Les magasins	**Shops**
marchand de journaux	news agent's
bijouterie	jeweler's
boucherie	butcher's
boulangerie	baker's, bakery
bureau de tabac	tobacconist's shop
centre commercial	shopping center, shopping mall
confiserie	sw**ee**tshop
crémerie	dairy
épicerie	grocer's
grand magasin	department store
kiosque à journaux	newspaper stall
librairie	bookshop
magasin de fruits et légumes	greengrocer's
pâtisserie	cake shop
plats préparés	ready-made dishes
poissonnerie	fishmonger's
traiteur	caterer

Chez le boucher

Bizarres, ces noms de magasins qui se terminent tous par **'s**… C'est tout simplement un génitif avec omission du mot **shop**. On ne va pas à la boucherie mais *chez le boucher.*

- **I go to the butchers's.**
  Je vais chez le boucher / à la boucherie.

Londres, capitale de la mode ?

Oxford Street est certainement la rue commerçante la plus célèbre de Londres, dans laquelle on trouve toutes les grandes enseignes internationales. À quelques rues de là, **Carnaby Street**, qui fut de centre de la mode des années soixante, abrite encore de nombreuses boutiques de vêtements qui font le bonheur des jeunes. Un peu plus loin, le quartier de Camden accueille le plus grand marché aux puces britannique et de nombreuses boutiques **underground**.

Au supermarché	At the supermarket
à plusieurs étages	multi-storied
bonne affaire	good bargain
Caddie	sh**o**pping tr**o**lley, cart
commerçant	sh**o**pkeeper
enseigne	shop sign
étagère	shelf
étiqueter / étiquette	l**a**bel
heure d'ouverture / de fermeture	opening / closing time
ligne / gamme de produit	line / a range of products
marchandises	wares, goods
offre spéciale	sp**e**cial **o**ffer
ouvrir un magasin	set up a shop
produits de luxe	l**u**xury goods
produits manufacturés	manuf**a**ctured goods
rayon chaussures	shoe dep**a**rtment
remise	disc**o**unt
soldes	sales
vendeur	s**a**lesman
vendeur, employé	shop **a**ssistant
vitrine	displ**ay**, shop window

Ne pas confondre :

Le **department store** propose de nombreux produits regroupés dans des rayons différents.

Le **supermarket** présente également des produits d'alimentation.

Le **shopping center** (ou **shopping mall**) est le regroupement de magasins spécialisés chacun dans un type de produit.

Les **outlet stores** proposent des produits à prix réduits provenant de fins de séries ou liquidations.

La vente	Retail
approvisionner	suppl**y** with
article	**a**rticle, **i**tem
comptoir	c**ou**nter
détaillant	ret**ai**ler
échantillon	s**a**mple
écouler le stock	disp**o**se of the stock
emballer	wrap
exposer	displ**ay**
fabriquer	manuf**a**cture
faire l'inventaire	take stock
fait sur commande	made to **o**rder
fournisseur	suppl**i**er
grossiste	wh**o**lesaler
inonder le marché	flood the m**a**rket with
pénurie	sh**o**rtage
produire	prod**u**ce
se plaindre de	compl**ai**n about
service après-vente	after-sales s**e**rvice
succursale	branch
surproduction	overprod**u**ction
vente au détail / en gros	ret**ai**l / wh**o**lesale trade

La vente par correspondance	**Mail order**
à la livraison	on del**i**very
annuler	c**a**ncel
bon de commande	**o**rder form
catalogue	catal**o**gue
conditionnement	p**a**ckaging
en stock	in stock
épuisé	out of stock
frais de port et d'emballage	p**o**stage and p**a**cking
livraison en 24 heures	**o**vernight del**i**very
paiement à la commande	cash with **o**rder
passer commande	give an **o**rder for
prendre livraison	take del**i**very of
respecter le délai de livraison	keep the del**i**very time

La publicité/Advertising

Advertising is the art of convincing people to spend the money they don't have for something they don't need.

La publicité, c'est l'art de convaincre les gens de dépenser l'argent qu'ils n'ont pas pour acheter quelque chose dont ils n'ont pas besoin.

Will Rogers

Supports publicitaires	Advertising medium
affiche	p**o**ster
campagne publicitaire	advert**i**sing campaign
dépliant	f**o**lder
faire de la publicité	**a**dvertise
foire commerciale	fair trade
page de publicité	comm**e**rcial break
panneau d'affichage	advert**i**sing b**oa**rding
petite annonce	cl**a**ssified ad
promotion	sp**e**cial **o**ffer
prospectus	leaflet
publicité	advert**i**sing
spot publicitaire	comm**e**rcial
téléachat	**a**rmchair sh**o**pping
téléshopping	TV sh**o**pping
vente par correspondance	mail order

Une page de pub

Ces mots sont très proches, mais l'accent tonique ne se situe pas au même endroit :

- An ad / **a**dve̲rt / adve̲rtisement, *une publicité.*
- Advert**i**sing, *la publicité.*
- An advert**i**ser, *un publicitaire.*
- **A**dvertise, *Faire de la publicité.*

Techniques publicitaires	Advertising techniques
attirer	attr**a**ct
capter (l'attention)	c**a**pture (attention)
cibler	aim at
communiquer	comm**u**nicate
convaincre	conv**i**nce
exagérer	ex**a**ggerate
exercer une influence	influence
fidéliser	build up l**oy**alty
inciter	enc**ou**rage
influencer	**i**nfluence
inonder le marché	flood the m**a**rket
lancer un produit	launch a pr**o**duct
lavage de cerveau	br**ai**nwashing
marketing	m**a**rketing
matraquage	hype
prétendre	claim
promouvoir	prom**o**te
séduire	charm, app**ea**l to
stimuler les ventes	boost sales
susciter l'intérêt	ar**ou**se interest
vanter	boast
viser	t**a**rget

Message publicitaire	Advertisement
acheteur	buyer
annonceur	advert**i**ser
atteindre	reach
cadeau, bonus	free gift
choquer	shock
client	c**u**stomer
concurrence	compet**i**tion
concurrent	competitor
consommateur	cons**u**mer
échantillon gratuit	free sample

efficacité	eff**e**ctiveness
grand public	p**u**blic
jingle	jingle
marque	brand
offre	**o**ffer
produit	pr**o**duct
slogan	catch phrase, sl**o**gan
lieu de vente	point of sale

Trois pour le prix d'un

Les mots **advertising, publicity, commercial**, traduits de la même façon en français, renvoient à des réalités différentes : **advertising** renvoie à une publicité payée par une entreprise pour développer ses ventes, **publicity** à une image relayée gratuitement par le public ou la presse, **commercial** à une publicité diffusée sur les ondes radio ou TV.

Adjectifs	Adjectives
attirant	app**ea**ling
audacieux	bold
choquant	sh**o**cking
facile à retenir	c**a**tchy
frappant	str**i**king
fructueux	fr**ui**tful, succ**e**ssful
persuasif	persu**a**sive
prestigieux	gl**a**morous
séduisant	attr**a**ctive
trompeur	misl**ea**ding

Chapitre 9

La communication

I find television very educating. Every time somebody turns on the set, I go in the other room and read a book.

Je trouve que la télévision a un rôle très éducatif. Chaque fois que quelqu'un allume le poste, je vais dans une autre pièce et je lis un livre.

Groucho Marx

La télévision, la presse et la radio font partie intégrante de notre vie quotidienne, même si ces médias traditionnels sont aujourd'hui largement concurrencés par l'Internet. Ceci nous amène à l'outil indispensable, l'ordinateur, dont beaucoup de mots nous sont connus puisque les Français les empruntent bien souvent. Mais il y a beaucoup de choses à apprendre ou revoir dans tous ces secteurs.

La télévision/Television

Le matériel	Equipment
antenne	**ae**rial
antenne parabolique	s**a**tellite dish
bouquet	p**a**ckage
câble	cable
chaîne	ch**a**nnel
décodeur	dec**o**der
écran plat	flat screen
magnétoscope	video cass**e**tte rec**o**rder (VCR)
parabole	s**a**tellite dish

programme TV	TV pr**o**gram
réception	rec**e**ption
redevance TV	l**i**cence fee
télécommande	rem**o**te contr**o**l
téléviseur	TV set
téléviseur grand écran	wide-screen TV
télévision câblée	cable TV

La BBC

La **British Broadcasting Corporation (BBC)** est un organe de production et de diffusion de programmes de radio et de télévision britannique. « **The Beeb** », qui bénéficie toujours d'une réputation d'excellence culturelle a détenu le monopole de la télévision au Royaume-Uni jusqu'en 1995, avec l'arrivée de **ITV**.

Les émissions	**TV programmes**
concours	c**o**ntest
divertissement	entert**ai**nment
documentaire	d**o**cumentary
entretien	**i**nterview
feuilleton	s**i**tcom
film	m**o**vie
flash d'information	news flash
informations	news
jeu télévisé	quiz show
journal télévisé	n**ew**scast
media	m**e**dia
météo	w**ea**ther forecast
page de pub	comm**e**rcial break
pièce	drama
programme	pr**o**gramme (*US* pr**o**gram)
publicité	comm**e**rcial

série TV	soap opera, series
spectacle	show
talk-show	talk show
variétés	variety show

Le Super Bowl

Le **Super Bowl**, finale du championnat de football américain, est un événement majeur de la télévision aux États-Unis qui enregistre des records d'audience lors de sa diffusion. Le coût des annonces publicitaires pendant cet événement atteint des sommets.

La diffusion	Broadcasting
à l'antenne	on air
Audimat	TV r**a**ting
en différé	rec**o**rded
diffuser	br**oa**dcast
en direct	live
divertir	entert**ai**n
heure de grande écoute	peak v**iew**ing
première partie de soirée	prime-time
rediffusion	r**e**run
regarder	watch
réseau	n**e**twork
transmettre	transm**i**t
visionner	view
zapper	switch

Ne pas confondre

- **What's on TV tonight?**
  Qu'est-ce qu'il y a à la télé ce soir ?
- **What's on the TV?**
  Qu'y a-t-il à l'écran ?

Les gens de la télé	**TV people**
accro à la télé	TV **a**ddict
animateur	host
commentateur	comment**a**tor
présentateur	**a**nchorman
présentateur de journal	n**ew**sreader (*US* n**ew**scaster)
public	**au**dience
téléspectateur	v**iew**er

INFO CULTURELLE

Couch potato

Cette expression, qui signifie littéralement *une patate de canapé*, est utilisée pour désigner les gens qui restent plantés toute la journée devant leur télé.

La presse et la radio/ Press and radio

The liberty of the press is most generally approved when it takes liberties with the other fellow, and leaves us alone.

On défend d'autant plus la liberté de la presse qu'elle prend des libertés avec les autres et nous laisse tranquille.

Edgar Watson Howe

Les journaux	The papers
hebdomadaire	w**ee**kly
illustré	illustr**a**ted m**a**gazine
journal à scandale	t**a**bloid sc**a**ndal rag
journal de luxe	gl**o**ssy m**a**gazine
journal du matin / du soir	m**o**rning / **e**vening p**a**per
journal populaire	t**a**bloid
mensuel	m**o**nthly
presse à scandale	g**u**tter press
quotidien	d**ai**ly
revue	m**a**gazine
supplément	s**u**pplement

La presse de caniveau

Les tabloïdes britanniques, tels **The Sun** ou **the Daily Star**, sont réputés pour leurs articles à scandale qui n'épargnent rien ni personne et jouent sur l'aspect racoleur des titres et des photos. Ils sont qualifiés de **gutter press**, *presse de caniveau*, par opposition aux **quality papers**, *journaux de qualité*, qui, au contraire, établissent leur réputation sur le sérieux de leurs articles.

Dans les journaux	Inside the papers
actualité	c**u**rrent aff**ai**rs
article	**a**rticle
colonne	c**o**lumn
compte rendu	acc**ou**nt
courrier des lecteurs	l**e**tters page
courrier du cœur	**a**gony column
éditorial	l**ea**ding **a**rticle
fait divers	f**a**ctual news **i**tem
gros titres	h**ea**dlines
informations	news
légende de photo	c**a**ption
nécrologie	ob**i**tuary
nouvelle	news **i**tem
pages financières	f**i**nancial pages
pages sportives	sports pages
petites annonces	small ads
propagande	propag**a**nda
reportage	rep**o**rt, rep**o**rting
résumé	s**u**mmary
une	front page

La page 3

Page Three est une marque déposée par le tabloïde ***The Sun***, qui publie traditionnellement tous les jours depuis 40 ans en page 3 de son journal des photos de jeunes femmes aux seins nus.

Les gens	The people
abonné	subscr**i**ber
agence de presse	press **a**gency, news agency
chroniqueur	c**o**lumnist
éditeur	p**u**blisher
envoyé spécial	sp**e**cial corresp**o**ndent
équipe de rédaction	edit**o**rial team
journaliste	j**ou**rnalist

lecteur	r**ea**der
marchand de journaux	news**a**gent
paparazzi	papar**a**zzi
photographe de presse	press phot**o**grapher
rédacteur	**e**ditor
reporter	rep**o**rter

Le quatrième pouvoir	**The fourth power**
s'abonner à	subscr**i**be to
actuel	c**u**rrent
calomnie	sl**a**nder
censure	c**e**nsorship
diffamation	l**i**bel
éditer	p**u**blish
faire figurer	f**ea**ture
faire le point	take stock, get up to date
imprimer	print
journalisme	j**our**nalism
kiosque à journaux	news stall
liberté de parole	freedom of speech
maison de presse	news**a**gent's
mettre en lumière	h**i**ghlight
mettre en vedette	f**ea**ture
numéro	ed**i**tion
paraître	be p**u**blished, come out
renseigner	inf**o**rm
à sensation	sens**a**tional
sonder	s**u**rvey
tenir au courant	keep inf**o**rmed
tirage	circul**a**tion

Le premier amendement

Le premier amendement de la Constitution américaine, signée en 1791, garantit la liberté de la presse aux États-Unis, *the freedom of the press.*

La radio	The radio
allumer	turn on
auditeur	l**i**stener
écouter	l**i**sten to
écouteur	h**ea**dphone
éteindre	turn off
haut-parleur	loud sp**ea**ker
longueur d'onde	w**a**velength
modulation de fréquence	fr**e**quency modul**a**tion (FM)
monter / descendre le volume	turn up / down the v**o**lume
poste de radio	trans**i**stor
sur les ondes	on the air
talkie-walkie	w**a**lkie-t**a**lkie

Attention aux Martiens

L'émission de radio la plus célèbre est certainement la diffusion, le 30 octobre 1938, de l'adaptation par Orson Welles de **War of the Worlds**, *La Guerre des mondes*, le roman de H. G. Wells. Cette émission annonçant l'arrivée belliqueuse des Martiens sur Terre déclencha de véritables scènes de panique dans New York.

Les ordinateurs/Computers

Computers make it easier to do a lot of things, but most of the things they make it easier to do don't need to be done.

Les ordinateurs permettent de faire beaucoup de choses plus facilement, mais la plupart des choses qu'ils nous rendent plus faciles à faire ne valent pas la peine d'être faites.

Andy Rooney

Les tâches	Tasks
accéder à	acc**e**ss
allumer	switch on
brancher	plug in
charger	load
chatter	chat
cliquer	click
coller	paste
copier	c**o**py
couper	cut
entrer des données	**i**nput
envoyer	send
éteindre	close
formater	f**o**rmat
ouvrir	**o**pen
programmation	pr**o**gramming
recevoir	rec**ei**ve
rechercher	search
remplacer	repl**a**ce
saisir	type, text
sauvegarder	save
scanner	sc**a**nner
sélectionner	sel**e**ct
sortir	**ou**tput
supprimer	del**e**te
traiter des données	proc**e**ssing

trouver	find
vidéoconférence	v**i**deoconference

Copier/coller !

Le terme anglophone **copypaste** est utilisé dans la langue courante comme un seul verbe.

Le matériel informatique	**Hardware**
câble	cable
casque	head set, head phone
cédérom	CD-rom
clavier	k**ey**board
disque dur	hard disk
écran	screen, m**o**nitor
enceinte	sp**ea**ker
fil	wire
haut-parleur	loudsp**ea**ker
icône	**i**con
imprimante	pr**i**nter
lecteur de Cédérom	CD-rom pl**a**yer
lecteur DVD	DVD player
logiciel	software, pr**o**gram
mémoire	m**e**mory
mémoire vive	ram
micro	m**i**crophone
ordinateur	comp**u**ter
ordinateur de bureau	desktop
ordinateur portable	l**a**ptop
périphérique	per**i**pheral
raccordement	connection
sans fil	w**i**reless
son	sound
touche	key
tour centrale	t**o**wer
webcam	v**i**deo c**a**mera

La disposition des touches sur les claviers français, dits « azerty », correspond à l'ergonomie rendue nécessaire par la langue française et permet, en particulier, de marquer les accents. Dans les pays anglophones, les claviers utilisés sont dits « qwerty ». Un petit truc : pour passer de l'un à l'autre, il vous suffit de taper « shift » + « alt » sur votre clavier…

L'informatique	Computing
à jour	up to date
assisté par ordinateur	comp**u**ter **ai**ded
base de données	d**a**tabase
capture d'écran	scr**ee**n shot
commande	comm**a**nd
données	d**a**ta
fenêtre	w**i**ndow
feuille de calcul	spr**ea**dsheet
fichier	file
fond d'écran	b**a**ckground screen
généré par ordinateur	comp**u**ter gener**a**ted
graphique	gr**a**phic
images de synthèse	comp**u**ter gr**a**phics
installation	s**e**tting-up
interactif	inter**a**ctive
logiciel	s**o**ftware
menu	m**e**nu
mise à jour	**u**pdate
multimédia	multim**e**dia
numérique	d**i**gital
pirate informatique	h**a**cker
plantage	crash
police	font
tableur	spr**ea**dsheet program
traitement de texte	w**o**rd processor
virus	v**i**rus

Le courrier électronique	Electronic mail
expéditeur	sender
courriel / messagerie électronique	e-mail
adresse e-mail	e-mail address
envoyer un e-mail	send an e-mail
carte postale électronique	e-card
émoticône	smiley

LOL !

Certains acronymes sont internationalement utilisés lors des chats sur Internet ou dans les jeux en ligne. En voici quelques-uns des plus courants :

- **AFK (away from keyboard)**
  Je ne suis plus devant mon clavier.
- **ASAP (as soon as possible)**
  Dès que possible.
- **BRB (be right back)**
  Je reviens.
- **CUL8R (see you later)**
  À plus tard.
- **IRL (in real life)**
  Dans la vraie vie.
- **LOL (laugh out loud)**
  Je ris !
- **OMG (oh my god !)**
  Oh mon dieu !

Internet	The Internet
se connecter / se déconnecter	log in / out
cyberespace	cyberspace
en ligne	on line
FIA (fournisseur d'accès à Internet)	ISP (Internet service provider)
fournisseur d'accès	service provider
haut débit	broadband, high speed

internaute	surfer
lien	link
modem	modem
mot de passe	password
moteur de recherche	search engine
naviguer, surfer	surf the Net
page d'accueil	home page
parcourir	browse
réseau	network
serveur	server
site web	website
télécharger	download
toile	web
via Internet	by Internet

Que d'anglicismes !

De très nombreux termes anglophones sont utilisés dans le domaine informatique. Certains équivalents français existent pourtant, plus ou moins connus du grand public :

- Un **mail** : *un courriel*
- Le **Net** : *la Toile*
- Un **buzz** : *un ramdam*
- Un **chat** : *un e-blabla*
- Une **newsletter** : *une infolettre*
- Un **talk** : *un débat*
- Un **mailing** : *un publipostage*
- Un **spam** : *un polluriel*

Chapitre 10

Les transports

Never confuse movement with action.

Il ne faut jamais confondre le mouvement et l'action.

Ernest Hemingway

Rien de plus indispensable quand on est à l'étranger que de pouvoir se déplacer, que ce soit à pied, en voiture ou en deux roues, ou en transport en commun. Il faut savoir demander sa route, acheter un billet, se renseigner, acheter du carburant – et respecter les panneaux de signalisation.

À pied/On foot

En attendant	While you wait
être allongé	lie
s'appuyer sur	lean on, against
arrêt	stop
attendre	wait
faire de l'auto-stop	hitchhike
éviter	avoid
faire entrer	let in
faire face à	face
immobile	motionless, still
localiser, situer	locate
poser / déposer	lay
faire la queue	queue
être de retour	be back

séjourner, rester	stay
être situé	be situated
se tourner, se retourner	turn (round)

Faites la queue comme tout le monde !

L'éducation anglo-saxonne fait que nos voisins attendent sagement leur tour quand ils font la queue, sans chercher à *resquiller*, **jump the queue**. Cette mauvaise habitude, qu'ils jugent typiquement française, les choque profondément.

Être ou ne pas être…

Comme pour son équivalent français, **be**, *être*, peut être à la fois un verbe lexical et un auxiliaire, utilisé à la voix active et à la voix passive :

- **He is in the kitchen.**
  Il est dans la cuisine.
- **He is running after the bus.**
  Il court après le bus.
- **He is being followed.**
  Il est suivi.

Bouger lentement	**Moving slowly**
aller à pied	go on foot, walk
aller, partir	go
atteindre	reach
bouger, se déplacer	move
entrer	come in
faire entrer quelqu'un	show somebody in
faire sortir	let out
faire un pas	take a step
flâner	stroll
gravir, grimper	climb

marcher	walk
mouvement	motion
nager	swim
parti (être)	be off
quitter	leave
ramper	crawl
revenir	come back
s'approcher	approach
s'en aller	get, go away
sortir	come out
suivre	follow
traîner, s'attarder	hang about / around
traverser	cross
venir	come

On y revient !

Il ne faut pas confondre **come back**, qui signifie *revenir à son point de départ* et **come again**, qui signifie *revenir une nouvelle fois* :

- **I'll come back early.**
  Je reviendrai tôt.
- **I'll come again to see you one day.**
  Je reviendrai te voir un jour.

In and out

Les mouvements, comme en français, sont décrits par des verbes. Cependant, il est possible de leur ajouter des particules adverbiales pour en modifier le sens. Par exemple, **go** se traduit par *aller*, mais :

- **go after** par *poursuivre*
- **go in** par *entrer*
- **go out** par *sortir*
- **go up** par *monter*

Entrez !

On décrit les mouvements beaucoup plus précisément en anglais qu'en français.

Si vous êtes à l'intérieur et que vous décrivez quelqu'un qui entre vous direz **come in**. Si êtes à l'extérieur, vous direz **go in**.

Bouger rapidement	Moving quickly
allure	pace
courir	run
s'échapper	escape
faire la course	race
fuir	flee
se dépêcher	hurry
hâtif	hasty
se précipiter	rush
pressé	hurried
rapide	quick, fast, swift, rapid
vitesse	speed

Comment traduire « à / au » ?

Attention :

- **I am walking <u>to</u> the supermarket.**
  Je vais au supermarché.
- **I am <u>at</u> the supermarket.**
  Je suis au supermarché.

En voiture et en deux-roues/ By car and two-wheelers

Don't drive as if you owned the road. Drive as if you owned the car.

Ne conduisez pas comme si vous étiez maître de la route. Conduisez comme si vous étiez maître de votre voiture.

Conduire une voiture	Driving a car
accélérer	speed up, accelerate
changer de vitesse	change gear, shift gear
céder le passage	give way
chargé, encombré	busy
mettre le clignotant à droite / gauche	indicate right / left
code de la route	highway code
conduire	drive
faire un demi-tour	make a u-turn
doubler, dépasser	overtake
embouteillage	traffic jam
freiner	break down
se garer (dans un parking)	park
se garer (le long du trottoir)	pull in
heure de pointe	rush hour
limitation de vitesse	speed limit
faire marche arrière	reverse
panneau indicateur	road sign
parking	car park
passer la vitesse supérieure	gear up
permis de conduire	driving licence (*US* driver's licence)
place de parking	parking lot
avoir la priorité	have right of way
faire du 90 à l'heure	do 90 miles an hour
ralentir	slow (down)

rentrer dans, percuter	bump, crash into
renverser quelqu'un	knock somebody down
rétrograder	gear down
se garer en double file	double park
signalé, indiqué	signposted

INFO CULTURELLE

Conduire au Royaume-Uni

Si on s'habitue assez rapidement à s'asseoir du côté droit de la voiture et à conduire sur la voie de gauche, il reste souvent difficile pour les continentaux de passer les vitesses de la main gauche et de penser à laisser la priorité à gauche. Les agences de location de voitures sont habituées à voir revenir leurs véhicules endommagés… mais pensez tout de même à prendre une bonne assurance !

Mais pourquoi roulent-ils à gauche ?

Au Moyen Âge, les hommes qui circulaient à dos de cheval se tenaient du côté gauche des chemins, de façon à dégager leur épée. Ce type de circulation fut adopté partout jusqu'à ce que Napoléon arrive et oblige les pays conquis à rouler à droite. Bien entendu, les Anglais refusèrent d'obéir…

Conduire aux États-Unis

Conduire aux États-Unis pose nettement moins de problèmes. Les voitures sont souvent automatiques et très confortables, les routes larges, les panneaux de circulation énormes, et les conducteurs sont très calmes et respectueux de leur conduite… et pour cause : les amendes sont vraiment très salées !

Rouler en ville	Driving in the city
carrefour	cr**o**ssroads
chaussée	road(way)
demander son chemin	ask one's way
feux	tr**a**ffic lights
grande rue	main street
impasse, voie sans issue	dead end, no through road
panneau	street sign
parcmètre	p**a**rking meter
parking	car park (*US* p**a**rking lot)
passage protégé	ped**e**strian, z**e**bra cr**o**ssing
petite rue	side street
piéton	ped**e**strian
place	square
plan	street map
pont	bridge
pris dans embouteillage	stuck in a jam
rue à sens unique	one-way street
trottoir	p**a**vement (*US* s**i**dewalk)

Covoiturage

Aux États-Unis, sur certains grands axes de circulation, une voie est réservée aux véhicules avec au moins deux (parfois trois dans certains États) personnes à bord. Ces voies, marquées par des losanges peints sur la route, sont appelées **car-pool**, *covoiturage*, ou **HOV Lanes** (**High Occupancy Vehicle Lanes**). Elles sont souvent peu occupées et sont donc très utile en cas d'embouteillage... Attention à ne pas les utiliser si vous êtes seul(e) : les policiers sont très stricts à ce sujet et les amendes sont très salées.

La voiture	**The car**
accélérateur	acc**e**lerator (US gas pedal)
accoudoir	**a**rmrest
amortisseurs	shock abs**o**rbers
appuie-tête	h**ea**drest
boîte de vitesses	g**ea**rbox
bougies	spark plugs
carrosserie	b**o**dywork
cric	jack
freins	rakes
gaz d'échappement	exh**au**st fumes
levier de vitesse	gear l**e**ver (*US* gear-shift)
marche arrière	rev**e**rse gear
moteur	**e**ngine
pédale	p**e**dal
pneu	Tyre (*US* tire)
pot d'échappement	exh**au**st (pipe)
roue	wheel
tableau de bord	d**a**shboard
tenue de route	road h**o**lding
vitesses	gears
roue de secours	spare wheel

Les boîtes automatiques

La plupart des voitures américaines ont des boîtes automatiques. Elles n'ont pas de *pédale d'embrayage*, **clutch pedal**, et le *levier de vitesse*, **gear lever**, est simplifié.

P = **parking** (équivalent du *frein à main*)

R = **reverse**, *marche arrière*

N = **neutral**, *point mort*

D = **drive**, *conduite* « normale »

1-2 = imposent des vitesses très lentes, c'est-à-dire l'équivalent de la première et de la seconde (à n'utiliser qu'en montagne ou dans des descentes très fortes).

Au garage	At the garage
consommation	fuel cons**u**mption
essence	p**e**trol (*US* gas(oline))
faire entretenir sa voiture	have the car s**e**rviced
frais d'entretien	m**ai**ntenance costs
louer une voiture	rent a car
mécanicien	mech**a**nic
tomber en panne / panne	break down
faire le plein	fill up
réservoir	tank
voiture qui consomme	th**i**rsty car (*US* gas-g**u**zzler)

Quelle essence choisir ?

- 1 gallon = 3,8 litres
- **unleaded**, *sans plomb*
- **ethyl**, *essence* de très bonne qualité
- **gazole**, *diesel*

À noter : en Angleterre, le gazole est plus cher à la pompe que l'essence. Il y a donc nettement moins de voitures diesel.

Les panneaux	Roadsigns
attention	c**au**tion
bas-côté non stabilisés	soft sh**ou**lder
cédez le passage	yield
croisement	cr**o**ssing, xing
devant, à venir	ah**ea**d
croisement	j**u**nction (jct)
montée ou descente	hill
feux tricolores proches	tr**a**ffic light ah**ea**d
péage	toll
ralentir	slow
glissant en cas d'humidité	sl**i**ppery when wet
serrez à droite / gauche	keep right / left
sortie	**e**xit
station-service	gas st**a**tion
travaux	road work
vitesse limite	speed l**i**mit

INFO CULTURELLE

Se diriger aux États-Unis

Les panneaux sont très grands et toutes les routes bien indiquées.

Pour aller quelque part, il suffit de connaître le numéro de la route et le point cardinal vers lequel aller. Ce système, qui peut surprendre au départ, s'avère en fait très pratique.

I 70 north interstate

autoroute 70 vers le nord.

Les infractions	Offences
accident	car crash
amende	fine
assurance auto	car insurance policy
brûler un feu rouge	jump the lights
carte grise	registration document
ceinture de sécurité	safety-belt, seat belt
contractuel	traffic warden
contravention	ticket
fourrière	pond
plaque d'immatriculation	number, licence plate
excès de vitesse	speeding
responsable de	responsible for
zone de stationnement interdit	no-parking area

Les limitations de vitesse

	Angleterre	États-Unis
En ville :	50 km/h	40 à 55 km/h
Sur route :	95 km/h	80-105 km/h
Sur autoroute :	110 km/h	120 km/h

ATTENTION !

N'oubliez pas qu'au Royaume-Uni et aux États-Unis, les distances se mesurent en **miles**, et non en kilomètres.

1 mile : 1,609 kilomètres.
Petit moyen mnémotechnique : 1 mile = « un ciseau neuf » (1-6-O-9).

Les vitesses sont donc indiquées en **miles per hour (mph)**.

INFO CULTURELLE

Feux tricolores

En Grande-Bretagne, ils passent de rouge à jaune puis vert, et non pas directement de rouge à vert. Ne passez pas au jaune, vous risquez une forte amende.

En deux roues	**By bike**
à plat (pneu)	flat (tyre)
béquille	k**i**ckstand
blouson	j**a**cket
bottes	boots
cadre	frame
casque	helmet
crever / avoir une crevaison	have a p**u**ncture
faire du vélo	to ride a bike
guidon	h**a**ndlebars
motard	b**i**ker
moto	m**o**tor bike
pédale	p**e**dal
piste cyclable	cycle lane
pneu	tyre (*US* tire)
porte-bagages	l**u**ggage c**a**rrier
roue	wheel
selle	saddle
siège arrière	p**i**llion
trajet à moto	bike ride
vélo	bike
VTT	ATB (all terrain bike)
vélo tout-terrain	m**ou**ntain bike

En transport en commun/ By public transport

A bus is a vehicle that runs twice as fast when you are after it as when you are in it.

Un bus est un véhicule qui roule deux fois plus vite quand on court derrière lui que quand on est assis à l'intérieur.

En bus	By bus
arrêt de bus	bus stop
autocar	coach
bus	bus
conducteur	driver
contrôleur	conductor, ticket collector
descendre, sortir	get off, down, out
monter dans	get on
prix du trajet	fare
siège	seat

INFO CULTURELLE

Des bus légendaires

Les *bus rouges à deux étages*, **double-decker busses**, sont des symboles londoniens, au même titre que les cabines téléphoniques et les boîtes aux lettres rouges. Ils sont malheureusement tout autant en voie de disparition.

Presque aussi célèbres, les bus de ramassage scolaire américains et leur couleur jaune vif.

Prenez le bus !

- **Where's the nearest bus stop?**
  Où est l'arrêt d'autobus le plus proche ?
- **Can you get there by bus?**
  On peut y aller en autobus ?

- **How frequent are the buses?**
  Il y a un autobus tous les combien ?
- **Is it direct?**
  C'est direct ?
- **This seat is taken.**
  Cette place est occupée.
- **A book of tickets, please.**
  Un carnet, s'il vous plaît.
- **Excuse me, this is my stop.**
  Excusez-moi, je descends ici.

En train	By train
abonnement	season ticket
accompagner quelqu'un à la gare	see somebody to the station
aller chercher quelqu'un à la gare	meet somebody at the station
aller-retour	return ticket
aller simple	single ticket
arrivée	arrival
arriver à	arrive at
attendu à	due at
consigne	left-luggage lockers
contrôleur	ticket collector
correspondance	connection
départ	departure
gare	(railway) station
guichet	ticket office
à l'heure	on time
manquer le train	miss the train
métro	underground (*US* subway)
partir de	leave from
prendre le train	catch the train
quai	platform
en retard	late

tarif réduit	reduced fare
train	railroad
voie	track
voyager en	travel by
wagon	carriage

INFO CULTURELLE

Le métro londonien

Le métro de Londres, le plus vieux du monde, existe depuis 1963. Il est surnommé **the Underground**, *le Souterrain*, ou **the Tube**, *le Tube*, en référence à la forme cylindrique de ses plus anciennes lignes.

Voyager en train

- **What time is the next train for Oxford?**
  À quelle heure est le prochain train pour Oxford ?
- **Which platform does the train leave from?**
  De quel quai part le train pour Oxford ?
- **Do I have to change?**
  Faut-il changer ?
- **A single ticket for Oxford, please.**
  Un aller simple pour Oxford, s'il vous plaît.
- **A return ticket, please.**
  Un aller-retour, s'il vous plaît.
- **I would like to book a seat.**
  Je voudrais réserver une place.

En avion	By plane
aéroport	**ai**rport
appareil	**ai**rcraft
arrivée	arr**i**val
atterrir	land
atterrissage forcé	em**e**rgency, forced l**a**nding
avion à réaction	jet plane
carlingue	c**a**bin
contrôleur aérien	air tr**a**ffic contr**o**ller
décoller	take off
départ	dep**a**rture
destination	destin**a**tion
embarquer (avion)	board
équipage	crew
hublot	w**i**ndow
décalage horaire	jet / time lag
piloter (avion)	p**i**lot
piste	r**u**nway
planer (au-dessus de)	h**o**ver (over)
réserver une place	book a seat (on)
salle de départ	dep**a**rture lounge
soute	(b**a**ggage) hold
voler / voyager en avion	fly

INFO CULTURELLE

Voyager aux États-Unis

L'avion est un moyen de transport très répandu aux États-Unis. Cependant, depuis les attentats du 11 Septembre, les *mesures de sécurité* (**safety measures**) pour les vols vers les États-Unis ont été strictement renforcées. Les ressortissants français qui se rendent aux États-Unis pour un séjour n'excédant pas 90 jours et qui n'ont pas de visa doivent obtenir une autorisation électronique de voyage avant leur départ, il s'agit du formulaire **ESTA** (**Electronic System for Travel Authorization**). Ils devront également être munis d'un passeport biométrique.

Y a-t-il un pilote dans l'avion ?

- **Is there a flight to New York this evening?**
  Y a-t-il un vol pour New York ce soir ?
- **Is there a coach to the airport?**
  Est-ce qu'il y a un bus qui va à l'aéroport ?
- **Can you confirm the time of arrival / departure for the plane from Londres?**
  Pouvez-vous me confirmer l'heure d'arrivée / de départ du vol en provenance de Londres ?
- **Fasten your seat belts, please.**
  Attachez vos ceintures, s'il vous plaît.

En bateau	By boat
armateur	sh**i**powner
barque	craft
bateau à moteur	m**o**tor boat
bateau à voile	s**ai**ling boat
bateau	boat
cabine	c**a**bin
cale	hold
canot de sauvetage	l**i**feboat

capitaine	c**a**ptain, sk**i**pper
charger / décharger	load / unload
coque	hull
couchette	berth
couler	sink
dériver	drift
s'échouer	run aground
entrepôt	w**a**rehouse
équipage	crew
escale	st**o**pover
flotter	float
gilet de sauvetage	life j**a**cket
jeter / lever l'ancre	drop / weigh **a**nchor
marin	s**ai**lor
monter à bord	go on board
naufrage	sh**i**pwreck
naviguer	sail
navire	ship
phare	l**i**ghthouse
pont	deck
port	h**a**rbour
quai(s)	wharf(-ves)
quitter le port	set sail (from)
rouler	roll
tanguer	pitch
traversée	cr**o**ssing
traversée calme / mouvementée	smooth / rough cr**o**ssing

INFO CULTURELLE

Un ferry pour l'Angleterre

La traversée de *la Manche* (**the Channel**) en ferry de Calais à *Douvres* (**Dover**) prend environ une heure et demie. Il est possible de l'effectuer en empruntant le *tunnel sous la Manche* (**the chunnel**), en train ou en voiture, ce qui est plus rapide (45 minutes environ) mais nettement moins exotique…

INFO CULTURELLE

Le *Mayflower*

En 1620, 102 immigrants anglais, que l'on appelle les **Pilgrim Fathers** (les *pères pèlerins*) traversèrent l'Atlantique pour fonder la colonie de Plymouth, en Nouvelle-Angleterre. Ils sont considérés comme les premiers habitants de l'Amérique moderne.

Chapitre 11

Le tourisme

A perpetual holiday is a good working definition of hell.
Des vacances perpétuelles, voici une bonne définition de ce qu'est l'enfer.

George Bernard Shaw

Les vacances font l'objet de nombreuses conversations. Il faut en connaître les mots, et aussi quelques expressions spécifiques pour se sentir à l'aise quand on prend le bateau ou l'avion – ou quand on arrive à l'hôtel ou dans la chambre d'hôtes que l'on a réservée.

Les vacances/Holidays

En vacances	On holiday
agence de voyage	tr**a**vel **a**gency
aller à l'étranger	go abr**oa**d
partir en vacances	go on h**o**liday
bondé	packed
choses à voir	sights
congé	short break
croisière	cruise
descendre chez des amis	stay with friends
foule	crowd
hébergement	accommod**a**tion
jour de congé	day off
pays étranger	f**o**reign c**ou**ntry
piège à touriste	t**ou**rist trap

queue	queue
rendre visite à	visit
se reposer	rest
s'amuser	have a good time
se plaindre	make a complaint
semaine de congé	week off
station touristique	holiday resort
touristique	touristy
vacances	holidays (*US* vacation)
vie nocturne	nightlife
voyager	travel

Aux États-Unis, on parle de **vacation** (mais on a moins de vacances que les Européens).

Le mot **holiday** correspond à nos jours fériés.

À la mer	**At the seaside**
algue	seaweed
bigorneau	sea snail
bois flotté	driftwood
bouée	rubber ring
coquillage	sea-shell
crabe	crab
dunes de sable	sand dunes
étoile de mer	starfish
méduse	jellyfish
mouette	seagull
parasol	umbrella
pavillon	beach flags
phare	lighthouse
piscine d'eau de mer	ocean pool
plage	beach
rocher	rock
sable	sand
vague	wave

A tongue twister

On appelle **a tongue twister** (*virelangue*) une phrase à répéter pour vous « assouplir la langue », par exemple : **She sells sea-shells on the sea-shore**, qui signifie littéralement : *Elle vend des coquillages sur le rivage de la mer.*

Les activités à la mer	Seaside activities
bronzer	tan
crème solaire	sunscreen
maillot de bain (femmes)	swimmining costume
nager	swim
poste de surveillance	lifeguard tower
prendre un bain de soleil	sunbathe
prendre un coup de soleil	get sunburnt
se baigner	bathe
slip de bain (hommes)	Trunks

Jetez-vous à l'eau !

- **Let's go for a swim.**
  Allons nous baigner.

Au choix

L'expression **sink or swim**, qui signifie littéralement : *coule ou nage* trouve son équivalent approximatif en français dans l'expression *marche ou crève.*

Les vacances d'hiver	Winter holidays
télésiège	chair lift
gants	gloves, mittens
cabine	gondola
patins à glace	ice skates
lunettes de ski	ski goggles
forfait	ski pass
pente	slope
neige	snow
faire du patin	skate
écharpe	scarf

patinoire	sk**a**ting ring, ice ring
bonnet	hat
bonhomme de neige	snow man
moto-neige	snow m**o**bile
ensemble de ski	ski suit
après-ski	snow boots
piste de ski	ski run
station de ski	ski res**o**rt
ski de fond	cross-c**ou**ntry skiing
ski alpin	d**o**wnhill skiing
chasse-neige	snow plough

INFO CULTURELLE

Où faire du ski ?

Quelques stations de sports d'hiver attirent les sportifs en Écosse, dans les Highlands – notamment à Glencoe. Mais les Britanniques sont nombreux à préférer les Alpes !

L'hébergement de tourisme/ Tourist accommodation

The great advantage of a hotel is that it is a refuge from home life.

Le grand avantage de l'hôtel, c'est que ça repose de la vie à la maison.

George Bernard Shaw

Arriver à l'hôtel	Arriving at the hotel
avec salle de bains	with bath
chambre double	double room
chambre familiale	family room
chambre simple	single room
chambres libres	vacancies
clé	key
complet	no vacancies
s'enregistrer	check in
étage	floor
lit double	double bed
lit supplémentaire	extra bed
lits jumeaux	twin beds
numéro de chambre	room number
réception	reception
réceptionniste	receptionist
remplir un formulaire	fill in a form
réserver	make a reservation
réserver à l'avance	book in advance

Le rez-de-chaussée compte pour un étage. Si on vous dit **Your room is on the second floor**, *Votre chambre est au deuxième étge*, rendez-vous au premier !

Les services à d'hôtel	Hotel services
blanchisserie	laundry
boutique	gift shop
cafétéria	coffee shop
centre de mise en forme	fitness center
femme de chambre	room maid
groom	bellboy
information	information desk
kiosque à journaux	newsstand
pourboire	tip
réveil	morning call
service	service charge
service d'étage	room service
salle du petit déjeuner	breakfast room
change	money exchange

Autres hébergements	Other accomodation
chambre d'hôtes	bed and breakfast
meublé	furnished
manoir	mansion
appartement	apartment
hôte, hôtesse	host, hostess
bungalow	bungalow
sanitaires	bathing facilities
lits superposés	bunk beds
terrain de jeu	playground
auberge	inn
dortoir	dormitory
auberge de jeunesse	youth hostel

Les B & B

Les Britanniques ont inventé cette forme d'hébergement bien avant que les Français ne découvrent les *chambres d'hôtes*, **bed and breakfast**. Dans toutes les villes et villages, les panneaux annoncent les B & B, parfois avec un écriteau amovible portant la mention **vacancies**, *chambres* *libres*, ou **no vacancies**, *complet*. On partage souvent la salle de bains des hôtes qui vous recevront généralement chaleureusement – surtout dans les endroits non touristiques.

Le camping	Camping
aire de pique-nique	picnic area
allumettes	matches
anti-insectes	bug spray
bouteille de gaz	gas bottle
caravane	caravan (*US* trailer)
camping-car	camper
chaise pliante	folding chair
couverture	rug, blanket
glacière	cooler
mât de tente	tent pole
matelas gonflable	inflatable mattress
panier de pique-nique	picnic basket
parasol	umbrella
piquet de tente	tent peg
réchaud	cooking stove
sac de couchage	sleeping bag
table de pique-nique	picnic table
table pliante	folding table
tente	tent
terrain de camping	camping site
torche	flashlight

On lève le camp ?

- **break camp**
  lever le camp
- **pitch camp**
  planter sa tente

La localisation	**Location**
animé	l**i**vely
avoir vue sur	**o**verlook
banlieue	s**u**burb
en centre-ville	d**o**wntown
charmant	qu**ai**nt
plein de monde	cr**ow**ded
près de	close to
quartier	area, n**ei**ghbourhood

Chapitre 12

Les loisirs

Leisure is time for doing something useful.

Le loisir, c'est du temps pour faire quelque chose d'utile.

Benjamin Franklin

Que faire pendant son temps libre ? Le choix est tellement vaste… entre les jeux traditionnels, les hobbies (mot dont on verra l'origine), les activités de plein air ou les sports pour les plus courageux, ou enfin les arts pour les plus curieux.

Les jeux et les hobbies/ Games and hobbies

Le temps libre	Leisure time
aimer faire quelque chose	enj**oy** doing something
distraction	entert**ai**nment
faire une pause	take a break
jouer	play
jour de congé	day off
passe-temps	p**a**stime
se reposer	rel**a**x, rest
semaine de congé	week off
temps libre	free time, spare time

Passer le temps

- **Spend time on doing something.**
  Passer du temps à faire quelque chose.
- **What do you do in your spare time?**
  Que faites-vous pendant vos loisirs ?

Les hobbies	Hobbies
collection de timbres	stamp coll**e**ction
collectionner	coll**e**ct
collectionneur	coll**e**ctor
cuisine	c**oo**king
jeux d'ordinateur	comp**u**ter games
maquette	m**o**del
maquette de bateau	m**o**del ship
maquettisme	m**o**deling
numismatique	coin coll**e**cting
ornithologie	bird w**a**tching
pêche	f**i**shing

INFO CULTURELLE

Un mot apparu sous Henry Ier

Le mot **hobby** date du XIIe siècle. Le roi Henry Ier avait un passe-temps favori. Il montait des **hobby horses** – de petits chevaux de course de la taille d'un poney originaires d'Irlande. Il passait beaucoup de temps à s'occuper de ses chevaux.

Les jeux	Games
billard anglais	sn**oo**ker
dé	die
échecs	chess
dames	draughts (*US* ch**e**ckers)
jeu de l'oie	snakes and l**a**dders
jeux de plateau	board game
jouer	play
jouer (casino)	gamble

Les jeux de cartes	Card games
atout	trump
carreaux	diamonds
cartes	cards
chance	luck
cœurs	hearts
distribuer	deal
jeu de cartes	pack of cards
mélanger	shuffle
piques	spades
reine	queen
roi	king
trèfles	clubs
valet	Jack

Questions de chance

Ne pas confondre **chance**, *le hasard*, et **luck**, *la chance.*

- **Good luck!**
  Bonne chance !
- **What bad luck.**
  Quelle malchance !
- **Hard luck!**
  Pas de chance !
- **A stroke of luck.**
  Un coup de chance

Les divertissements	Entertainment
bowling	bowling
divertir	entertain
jeu de fléchettes	darts
jeux vidéo	video games
jongler	juggle
jouer aux fléchettes	play darts
mots croisés	crossword puzzle
puzzle	jigsaw puzzle

Les loisirs créatifs	Creative hobbies
artisanat	arts and crafts
broderie	embr**oi**dery
coudre	sew
couture	s**e**wing
dessin	dr**a**wing
fabrication de bijoux	j**e**welry making
photographie	phot**o**graphy
poterie	p**o**ttery
patchwork	qu**i**lting
sculpture	sc**u**lpture
tapisserie	tapestry
travail du bois	w**oo**dworking
travail du cuir	l**ea**therwork
travaux d'aiguille	n**ee**dlework
tricotage	knitting
tricoter	knit

Scrapbooking

Le **scrapbooking** est un loisir créatif qui nous vient des États-Unis. Il consiste à mettre ses photos en valeur dans des albums à l'aide de papiers décoratifs, d'autocollants, de rubans ou divers objets.

Le patchwork américain

Cette activité est originaire de l'époque coloniale des États-Unis. Les femmes de milieu aisé récupéraient des morceaux de tissus imprimés et les assemblaient pour en faire, parfois, de véritables œuvres d'art, utiles de surcroît.

Les activités de plein air/ Outdoor recreation

If you are seeking creative ideas, go out walking. Angels whisper to a man when he goes for a walk.

Si tu cherches des idées, va faire un tour. Les anges chuchotent à l'oreille des gens qui se promènent.

Raymond Inmon

En plein air	Outdoors
chasse au trésor	tr**ea**sure hunt
chaussures de rando	h**i**king shoes
équipement de plein air	**ou**tdoor gear
faire de la bicyclette	ride a bike
faire du cerf-volant	fly a kite
faire une randonnée	hike
jouer à cache-cache	play hide and seek
marcher	walk
ornithologie	bird w**a**tching
pêche	f**i**shing
randonner	hike
sac à dos	b**a**ckpack, r**u**cksack
se balader	w**a**nder
skate	sk**a**teboard

Promenons-nous...

- **go for a walk**
  aller se promener
- **take a walk**
  faire une promenade
- **walk the dog**
  sortir le chien

Le jardinage	Gardening
abri de jardin	garden shed
arroser	water
arrosoir	watering can
bêche	spade
brouette	wheelbarrow
clôture	fence
creuser un trou	dig a hole
engrais	fertiliser
faire pousser	grow
fourche	fork
gants	gloves
graine	seed
haie	hedge
massif	garden bed
mauvaise herbe	weed
pelouse	lawn
planter	plant
pot de fleur	flower pot
potager	kitchen garden
rateau	rake
sécateur / cisaille	shears
semis	seedling
serre	greenhouse
sol	soil
tailler / élaguer	prune
terreau de rempotage	potting mix
tondeuse	lawn mower
tondre la pelouse	mow the lawn

Le jardin à l'anglaise

Avec sa végétation variée et ses formes irrégulières qui imitent la nature, on l'oppose souvent au jardin « à la française ».

On ne récolte que ce que l'on sème

- **He who plants a garden plants happiness.**
  Qui plante un jardin plante du bonheur.

INFO CULTURELLE

Toutes les roses n'ont pas d'épines

Le proverbe **His life is a bed of roses**, qui signifie littéralement *Sa vie est un parterre de rose*, correspond à *Il a la vie facile.*

Au parc	At the park
aire de jeu	pl**ay**ground
canards	ducks
fontaine	f**ou**ntain
fontaine à boire	drinking f**ou**ntain
piste cyclable	cycle track
poubelle	bin
sentier	path
statue	st**a**tue
toilettes	p**u**blic t**oi**let

La pêche	Fishing
anguille	reel
appât	bait
attirail de pêche	fishing tackle
balance	scales
catapulte	catapult
dorade	sea bream
filet	net
flotter	float
gardon	roach
hameçon	hook
ligne	line
mordre	bite
perche	perch
poids	plummet
prise	catch
truite	trout
ver	worm

Une drôle de pêche !

- **You are fishing for compliments.**
  Tu recherches des compliments.

La chasse	Hunting
arc et flèche	bow and arrow
balles	bullets
braconner	poach
chaser	hunt
chasse au renard	fox hunting
coup de fusil	gunshot
couteau	knife
fusil	rifle
gibier	game
permis de chasse	hunting license
tirer sur	fire at
viser	aim at

La chasse au renard

La chasse au renard, **fox hunting**, est un sport traditionnel en Grande-Bretagne depuis le XVIe siècle, en butte aux critiques acerbes des défenseurs des animaux. Souvent représenté dans la peinture anglaise, ce sport a été interdit en 2004.

Le bateau	**Boating**
ancre	**a**nchor
navire	ship
bateau à rames	rowing boat
bateau à voile	s**ai**ling boat
bouée	buoy
canoë	can**oe**
canot	d**i**nghy
chavirer	c**a**psize
courant	c**u**rrent
croisière	cruise
équipage	crew
marin	sailor
péniche	barge
pirogue	dugout
pont	deck
rame	row
avoir le mal de mer	be sea-sick
mât	mast
toucher terre	land

Le sport/Sport

The trouble with referees is that they don't care which side wins.

L'ennui avec les arbitres, c'est qu'ils se fichent de quel côté va la victoire.

Tom Canterbury

Une nation de sportifs

Beaucoup de sports ont été inventés et codifiés par les Anglais ; par exemple, le football, le tennis, le golf et le rugby, sans oublier le traditionnel cricket, dont les règles restent un mystère pour qui n'est pas britannique.

Au stade	At the stadium
applaudir	appl**au**d, clap
arbitre	refer**ee**, **u**mpire
battre	to beat
championnat	ch**a**mpionship
chronomètre	st**o**pwatch
concurrent	cont**e**stant
débutant	beg**i**nner
défaite	def**ea**t
démarrer	start
entraînement	practice
s'entraîner	pr**a**ctise
entraîneur	tr**ai**ner, coach
équipe	team
finale	final
gagnant	w**i**nner
gagner	win
jeu	game, match
joueur	player

ligne d'arrivée	f**i**nish line
marquer un point	score a point
perdre	lose
prix	prize
prix de l'entrée	entry fee
record du monde	world r**e**cord
règle	rule
spectateur	spect**a**tor
un sportif /une sportive	sp**o**rtsman / sp**o**rtwoman
stade	stadium
succès	succ**e**ss
supporter	supp**o**rter
tournoi	t**ou**rnament
victoire	v**i**ctory

Deux mots pour le même prix

Prize se traduit par *prix* dans le sens de récompense, **price** se traduit par *prix* dans le sens de prix à payer.

Sur la ligne de départ

L'anglais a deux expressions pour traduire *À vos marques, prêt, partez !* : **On your marks, get set, go!** et **Ready, steady, go!**

Le football	Football, soccer
avant	f**o**rward
capitaine	c**a**ptain
capitaine de l'équipe	team c**a**ptain
carton jaune	y**e**llow card
carton rouge	red card
coup franc	free kick
défense	**defense**
entraîneur de foot	s**o**ccer coach
faire une faute	comm**i**t a foul
gardien de but	g**oa**lie, g**oa**lkeeper
hors limite	out of bounds
joueur de foot	s**o**ccer pl**ay**er

marquer un but	score a goal
mi-temps	halftime
quart	quarter
quart de finale	quarter-final
siffler	whistle
stade de foot	soccer stadium
tacler	tackle
taper la balle	shoot
terrain	ground, soccer pitch

Deux mots pour un sport

Le **football** est le sport le plus populaire en Grande-Bretagne. L'Association de football anglais en codifia les règles en 1863.

Le **soccer** se joue aux États-Unis, traditionnellement plutôt par les filles.

INFO CULTURELLE

Le football américain

Les immigrants européens apportèrent avec eux le football que nous connaissons dans le Nord-Est des États-Unis. Mais un étudiant de Yale, passionné à la fois par le football et par le rugby, a créé ce nouveau sport très viril en mixant les deux précédents.

INFO CULTURELLE

Une nation de bookmakers

Les paris sont tout à fait licites au Royaume-Uni. On y compte environ 8 500 **betting shops**, littéralement *bureaux de paris* (PMU en France), où l'on parie sur tout et n'importe quoi. Mais ce sont les résultats de football qui sont l'objet du plus grand nombre de paris.

Le tennis	Tennis
arbitre	umpire
coup	shot
coup droit	forehand stroke
court de tennis	tennis court
filet	net
frapper la balle	hit the ball
raquette	racket
revers	backhand stroke
service gagnant	ace
servir / service	serve
set	set
bracelet	wristband

À méditer

- **La balle est dans ton camp.**
  The ball is in your court.

Les sports d'eau	Water sports
bateau à voile	sail boat
brasse	breast stroke
faire de l'aviron	do rowing
faire de la planche à voile	do windsurfing
faire de la voile	sail
faire du canoë	canoe
faire du kitesurf	do kitesurfing
faire du ski nautique	water-ski
maillot de bain	swimming suit
nager	swim
piscine	swimming pool
planche à voile	sailboard
planche de surf	surfboard
plongée avec tuba	snorkeling
plongée sous-marine	scuba diving
plongeoir	springboard
plonger	dive

slip de bain	swimming trunks
surf	surf

L'équitation	**Horse riding**
bride	bridle
bureau de paris (PMU)	betting shop
cavalier	rider
champ de courses	racecourse
concours hippique	horse show
course de chevaux	horse race
monter un cheval	ride a horse
parier / pari	bet
selle	saddle

Autres sports	**Other sports**
aller en vélo	ride a bike
batte de cricket	cricket bat
club de golf	golf club
conduire	drive
course de voiture	car race
crosse de hockey	hockey stick
faire du patin à glace	do ice-skating
faire du patin à roulettes	roller skate
faire du ski alpin	do downhill skiing
faire du ski de fond	do crosscountry skiing
faire du vélo	do cycling
gymnase	gymnasium
lancer	throw
panier	basket
piste	track
skier	ski
terrain de golfe	golf course
voiture de course	racing car
volley	volleyball

Attention à l'ordre des mots !

- **a car race**
  une course de voiture
- **a racing car**
  une voiture de course

La marche	Walking
s'aventurer	wander
aller se promener	go for a walk
se balader	stroll
coureur de fond	long distance runner
faire de la montagne	horse show
do mountain climbing	horse race
grimper / escalader	climb
randonner	hike
routard	backpacker
sac à dos	backpack
chaussures de randonnée	hiking boots
boussole	compass
carte	map

Un kilomètre à pied...

- **It's within walking distance.**
  On peut y aller à pied.

Les arts/The arts

The arts cannot exist without innocence of heart and violence of feeling.

Il n'y a pas d'art sans innocence du cœur et violence des sentiments.

Louise Bogan

Les activités artistiques	Art activities
beaux-arts	fine arts
chant	s**i**nging
danse	d**a**ncing
danse classique	b**a**llet
dessin	dr**a**wing
écriture	wr**i**ting
lecture	r**ea**ding
peinture	p**ai**nting
sculpture	c**a**rving
théâtre	**a**cting

La musique	Music
artiste	**a**rtist
chanteur	s**i**nger
chef d'orchestre	cond**u**ctor
compositeur	comp**o**ser
diriger	cond**u**ct
opéra (lieu)	**o**pera house
orchestra (classique)	**o**rchestra
orchestre (jazz)	band
salle de concert	concert hall
chœur	choir

De quel type d'instrument joues-tu ?

- **a wind instrument**
  un instrument à vent
- **a stringed instrument**
  un instrument à cordes

- **a percussion instrument**
  un instrument à percussion

Les instruments de musique	Musical instruments
accordéon	acc**o**rdion
banjo	b**a**njo
bâton de tambour	drum stick
carillon	chimes
clarinette	cl**a**rinet
clavier	k**ey**board
cor	horn
corde	string
flûte à bec	rec**o**rder
flûte traversière	(transv**e**rse) flute
guitar	guit**a**r
harpe	harp
orgue	**o**rgan
piano	pi**a**no
tambour	drum
touche	key
trompette	tr**u**mpet
violon	vi**o**lin
violoncello	c**e**llo

Jouer d'un instrument

On utilise l'article **the**.

- **play the piano**
  jouer du piano
- **play the drums**
  jouer du tambour
- **You take up an instrument.**
  On apprend à jouer d'un instrument.

Les instrumentistes

Certains noms existent, comme **pianist** ou **violonist**, mais vous pouvez toujours ajouter le nom **player** à son instrument :

- **a piano-player**
  un / une pianiste

Le théâtre	The theatre
applaudir	clap, appl**aud**
huer	boo
scène	stage
décor	sc**e**nery, set
jouer (dans un spectacle)	perf**o**rm
jouer un rôle	play a part
rideau	c**u**rtain
acteur / actrice	**a**ctor / **a**ctress
public	**au**dience
rang	row
éclairage	l**i**ghting
répéter	reh**ea**rse
répétition	reh**ea**rsal
loge (des artistes)	dr**e**ssing room
succès	hit
atelier	w**o**rkshop
metteur en scène	stage dir**e**ctor
personnage	ch**a**racter
distribution	cast
attribuer les rôles	cast
auteur de théâtre	pl**ay**wright

INFO CULTURELLE

To be or not to be

Impossible d'évoquer le théâtre sans faire un clin d'œil à Shakespeare (1564-1616), le grand dramaturge anglais, dont l'influence se fait encore sentir de nos jours.

La peinture et le dessin	Painting and drawing
crayon	p**e**ncil
craie	chalk
galerie d'art	art g**a**llery
musée	mus**e**um
exposition	exhib**i**tion
feuille de papier	sheet of p**a**per
pinceau	brush
dessin humoristique	cart**oo**n
aquarelle	w**a**tercolour
toile	c**a**nvas
faire le portrait de	p**o**rtray
portrait	p**o**rtrait
encadrer / cadre	frame
gravure	engr**a**ving
estampe	print
peintre	p**ai**nter
objet exposé	exh**i**bit

La photo	Photography
photo	p**i**cture, ph**o**to
photographe	phot**o**grapher
filmer	shoot
épreuve	print
diapo	slide
appareil photo	c**a**mera
prise de vue	shot
caméra	m**o**ving c**a**mera
mise au point	focus
gros plan	close-up
objectif	lens
flou	blurred
net	sharp

Deux mots pour la photo

Il ne faut pas confondre **a photo** (*une photo*) avec **photography** (*l'art de la photo*).

Les objectifs

- **a wide-angle lens**
  un grand angle
- **a zoom lens**
  un téléobjectif

Le cinéma	The cinema
film	film (*US* movie)
plateau (de tournage)	set
plan	shot
cascade	stunt
bande-annonce	tr**ai**ler
doubler	dub
bande sonore	sound track
images	f**oo**tage
écran	screen
documentaire	docum**e**ntary
producteur	prod**u**cer
réalisateur	director
succès d'entrées	bl**o**ckbuster
étoile	star
distribution	cast
cinéma	cinema (*US* m**o**vie th**e**ater)

Quel genre de film préfères-tu ?

- **thriller**
  film à suspense
- **detective film**
  film policier
- **horror film**
  film d'horreur
- **scifi film**
  film de science-fiction

Chapitre 13

La nature

What's the use of a fine house if you haven't got a tolerable planet?
À quoi bon avoir une belle maison si on n'a pas une planète vivable ?

Henry David Thoreau

Quand nous abordons la nature, nous pensons à tout ce qui constitue notre environnement naturel au sens large, avec un détour sur l'écologie ; les paysages naturels ; les animaux et les végétaux ; le climat avec un accent sur le temps qu'il fait, sujet de conversation favori des Britanniques ; et enfin les matières naturelles.

L'environnement/Environment

L'écologie	Ecology
agir	act
contaminer	cont**a**minate
créature	cr**ea**ture
désastre	dis**a**ster
détruire	destr**oy**
diminuer	dim**i**nish
disparaître	disapp**ea**r, die out
disparu	**e**xtinct
durable	sust**ai**nable
émettre	em**i**t
en danger	end**a**ngered
équilibre	b**a**lance

être conscient de	be aware of
être nocif / nuisible	be h**a**rmful
menace	threat
menacer	thr**ea**ten
nettoyer	clean
nuire à	harm
polluer	pollute
propre	clean
protéger	prot**e**ct
purifier	purif**y**
renouvelable	ren**e**wable
réutilisable	r**eu**sable

Un ami ? Non !

L'adjectif **friendly**, dérivé du mot **friend** (*ami*), entre dans la composition de nombreux adjectifs composés, comme dans ces titres d'article de magazine :

- **10 eco-friendly ways to clean the house.**
  Les dix manières de nettoyer la maison sans nuire à l'environnement.
- **Our family-friendly accommodation is really different.**
  Nos logements adaptés aux familles sont vraiment insolites.

Un argument publicitaire efficace

L'écologie sert d'argument à de nombreux produits :

- **Our yurt holidays are ethical and sustainable holidays.**
  Choisissez nos yourtes pour passer des vacances éthiques et durables.

L'atmophère	**Atmosphere**
couche d'ozone	oz**o**ne l**ay**er
effet de serre	gr**ee**nhouse effect
émanations	fumes
gaz d'échappement	exh**au**st fumes
oxygène	**o**xygen
pluie acide	**a**cid rain
réchauffement climatique	gl**o**bal w**a**rming

Une sonnette d'alarme

C'est celle tirée par Al Gore, ex-vice-président des États-Unis : **"The warnings have been extremely clear for a long time. We are facing a global climate crisis. It is deepening."**

Les avertissements sont clairs depuis longtemps. Nous devons faire face à une crise climatique mondiale. Elle s'aggrave.

Les déchets	**Waste**
se débarasser de	dispose of
décharge	d**u**mping ground
déchets indutriels	ind**u**strial waste
eaux usées	s**e**wage
égouts	s**e**wage s**y**stem
mettre au rebut	dump
recycler	rec**y**cle
station d'épuration	s**e**wage plant
tas d'ordures	dump
tri des déchets	waste separ**a**tion

Jusqu'où va la télé-réalité ?

Jusque dans une décharge ! Un programme de Channel 4 a donné à 11 candidats l'occasion de faire une expérience insolite. Seront-ils capables de survivre pendant 21 jours en trouvant de quoi se loger et se nourrir dans une décharge ?

L'énergie	Energy
centrale électrique	p**o**wer station
combustible	fuel
énergie éolienne	wind **e**nergy
essence	p**e**trol (*US* gas)
fuite / fuir	leak
gaz naturel	n**a**tural gas
nappe de pétrole	oil slick
parc d'éolienne	w**i**ndpark, w**i**ndfarm
pétrole	oil
peu gourmand en énergie	**e**nergy effi**ci**ent
sans plomb	unl**ea**ded

Protégeons la planète !

- **Natural resources are running out.**
  Les ressources naturelles s'épuisent.

Les paysages/Landscapes

The landscape you grow up in speaks to you in a way that nowhere else does.

Le paysage dans lequel on a grandi nous parle comme aucun autre.

Molly Parker

Les vues	Views
panorama	viewpoint, panorama
paysage	scenery
paysage marin	seascape
paysage urbain	cityscape
paysagiste	landscape gardener

Quel paysage !

Le mot **scenery**, *paysage*, peut s'appliquer à n'importe quel environnement :paysage terrestre, marin, urbain ou une combinaison de tout cela.

The scenery can be a landscape, a seascape, a cityscape, or some combination.

Il a toujours une connotation positive, donc on ne parle jamais de **ugly scenery** (*paysage laid*).

Quand on parle de théâtre, le mot **scenery** signifie *décor.*

La Terre	The Earth
banquise	ice floe
boue	mud
boueux	muddy
carte	map
caverne	cave
continent	continent
désert	desert
est	east
iceberg	iceberg
jungle	jungle

monde	world
nord	north
ouest	west
pays	country, land
région, surface	area
savanne	bush
sol (matière)	soil
sol (surface)	ground
sud	south
tremblement de terre	earthquake

Du nord au sud

En anglais, chacun des *points cardinaux* (**cardinal points**), a un adjectif associé :

north → **northern**

south → **southern**

east → **eastern**

west → **western**

Et chacun a un adverbe pour indiquer la direction :

- **northward(s)**
  vers le nord
- **eastward(s)**
  vers le sud

Avec les verbes de mouvement :

- **go north**
  aller vers le nord
- **drive south**
  aller en voiture vers le sud
- **sail west**
  naviguer à la voile vers l'ouest

La mer	The sea
baie	bay
côte	coast
détroit	strait
détroit, chenal	ch**a**nnel
faire de la voile	sail
falaise	cliff
galet	pebble
île	island
lagon	lag**oo**n
marée basse	low tide
marée haute	high tide
océan	ocean
plage	beach
profondeur	depth
raz de marée	tsun**a**mi
récif	reef
rivage	shore
rocher	rock
rocheux	rocky
sable	sand
sailor	marin
station balnéaire	sea-side resort
vague	wave
vague de fond	t**i**dal wave

Prendre la mer… et y rester

- **go to sea**
  prendre la mer (devenir marin)
- **be at sea**
  être en mer
- **be at sea level**
  être au niveau de la mer

Mer rime avec enfer

En anglais, un proverbe dit **He that would go to sea for pleasure would go to hell for a pastime**, ce qui signifie littéralement : *Celui qui va en mer par plaisir irait en enfer pour passer un bon moment.*

Les rivières et les lacs	Rivers and lakes
barrage	dam
cours d'eau	stream
cascade	waterfall
couler	flow
courant	current
déborder	overflow
eau douce	fresh water
écluse	lock
étang	pool
fossé	ditch
glissement de terrain	landslide
inondation	flood, flooding
inonder	flood
jaillir	gush
lac	lake
marais	swamp, marsh
mare	pond
peu profond	shallow
profond	deep
rive	bank
source	spring
rivière	river

Remonter la rivière… ou la descendre

- **sail up / down a river**
  remonter / descendre la rivière en bateau

On peut dire aussi : **travel upstream**.

Une injonction pas très polie

- **Go jump in the lake!**
  Va te faire voir ! Littéralement, *Va sauter dans le lac.*

Les montagnes	Mountains
bas	low
canyon	canyon
col	pass
colline	hill
escarpé	steep
gouffre	chasm
haut	high
hauteur	height
l'Himalaya	The Hymalayas
les Alpes	the Alps
les Rocheuses	the Rocky Mountains
mont	mount
montagneux	mountainous
parcours pittoresque	scenic route
pente	slope
pic	peak
sommet	summit
volcan	volcano
éruption volcanique	volcanic eruption
incendie	fire
lave	lava
vallée	valley

De quoi en faire une montagne ?

- **I've got mountains of laundry.**
  J'ai une énorme quantité de linge à laver.

L'espace	Space
astronaute	**a**stronaut
ciel	sky
ciel (paradis)	h**ea**ven
corps célestes	cel**e**stial b**o**dies
espace	**ou**terspace
étoile	star
étoilé	st**a**rry
extraterrestre	**e**xtra-terr**e**strial
fusée	r**o**cket
lune	moon
OVNI	UFO
respirer	breathe
soleil	sun
univers	**u**niverse
vaisseau spatial	sp**a**ceship
voyage dans l'espace	space tr**a**vel

Des rêves en pagaille

- **You can have stars in your eyes.**
  On peut avoir des étoiles dans les yeux (c'est-à-dire des rêves de gloire).
- **You can reach for the moon.**
  On peut vouloir décrocher la Lune.

Les animaux/Animals

The best thing about animals is that they don't talk!
Ce qu'il y a de bien avec les animaux, c'est qu'ils ne parlent pas !

Thornton Wilder

Le règne animal	The animal kingdom
aile	wing
arête	bone
bec	beak
coquille	shell
corne	horn
crinière	mane
fourrure	fur
griffe	claw
mammifère	mammal
nid	nest
patte	paw, leg
pelage	fur, coat
piqûre	bite
plume	feather
poil	hair, fur
pondre	lay eggs
queue	tail
sabot	hoof
à sang chaud	warm-blooded
à sang froid	cold-blooded
voler	fly

Le mien, ce n'est pas pareil...

POINT DE GRAMMAIRE

La règle générale veut que l'on utilise le pronom neutre **it** pour parler d'un animal. Mais, bien entendu, il n'est pas question de considérer votre animal familier comme un « neutre », vous pouvez tout à fait utiliser les pronoms **he** ou **she** pour y faire allusion ! On comprendra alors qu'il occupe une place particulière dans votre cœur.

Un mouton, deux moutons, trois moutons...

On utilise des mots différents pour parler des troupeaux :

- *un troupeau de vaches* : **a herd**
- *un troupeau de moutons* : **a flock**
- *une meute* : **a pack**

ATTENTION !

Attention au pluriel irrégulier : *un sabot*, **a hoof** – *deux sabots*, **two hooves**.

Les animaux familiers	Pets
aboyer	bark
apprivoiser	tame
bâtard	mongrel
caresser	pat
chat	cat
cheval	horse
chien	dog
chien de garde	watchdog
dresser	train
faire son nid	nest
féroce	fierce
griffer	scratch
grogner	growl
inoffensif	harmless
joueur / espiègle	playful
lapin	rabbit
lécher	lick
miauler	mew
mordre	bite
piquer	sting
ronronner	purr
sortir le chien	walk the dog

Touche pas à mon pet !

Les animaux domestiques ont une place privilégiée au sein des familles anglo-saxonnes, où ils sont considérés comme des membres de la famille à part entière. Les associations de défense des animaux sont très répandues – notamment **the RSPCA** (**Royal Society for the Protection of Animals**). Faire du tort à un animal est jugé comme un crime.

Les animaux de la ferme	**Farm animals**
abeille	bee
âne	donkey
canard	duck
chèvre	goat
cochon	pig
écurie	stable
essaim	swarm
étable	cowshed
faire de l'élevage	breed
ferme	farm
mouton	sheep
nourrir	feed
oie	goose
porcherie	pigsty
poule	hen
poulet	chicken
race	breed
ruche	hive
taureau	bull
traire	milk
vache	cow

À la ferme ou dans l'assiette ?

Selon qu'ils sont sur pieds ou dans votre assiette, les animaux changent de nom. Dans l'assiette, ils retrouvent leurs racines françaises. Normal quand il s'agit de gastronomie, non ? Ainsi la *vache*, **cow**, devient **beef**, le *cochon*, **pig**, devient **pork**, le *mouton*, **sheep**, devient **mutton**.

Ah, ces Français !

Certaines habitudes françaises donnent des frissons aux Anglo-Saxons. Ainsi, l'idée que nous puissions trouver du cheval ou du lapin dans nos assiettes leur fait le même effet que, pour nous, l'idée de manger du chat ou du chien. Quant aux escargots, aux huîtres et aux cuisses de grenouilles… évitez même d'en suggérer l'idée !

Comptez les moutons

L'élevage du mouton est très répandu dans les îles anglo-saxonnes, où les moutons se régalent des verts pâturages. Mais ils sont tout aussi à l'aise dans les Highlands d'Écosse, les collines irlandaises ou les hauteurs du pays de Galles. Il n'est pas rare de devoir traverser des **cattle grids**, barres de métal placées sur les routes qui permettent le passage des véhicules tout en empêchant celui des moutons laissés en liberté. La production de viande de mouton représente près d'un tiers de la production européenne.

Insectes et rampants	Insects and crawlers
araignée	sp**i**der
cafard	c**o**ckroach
chenille	c**a**terpillar
coccinelle	l**a**dybird
escargot	snail
fourmi	ant
guêpe	wasp
libellule	dr**a**gonfly
mouche	fly
moustique	mosqu**i**to
papillon	b**u**tterfly
papillon de nuit	moth
piquer	sting
puce	flea
ramper	crawl
reptile	r**e**ptile
serpent	snake
tisser	spin
ver	worm
toile d'araignée	spider web

Dans la forêt	In the forest
chauve-souris	bat
chevreuil	roe deer
écureuil	squ**i**rrel
hérisson	h**e**dgehog
lièvre	hare
ours	bear
renard	fox
sanglier	boar
sauvage	wild
souris	mouse
tanière	den

La chasse à courre

La chasse à courre, en particulier au renard (**fox hunting**), est un sujet de polémique brûlant en Grande-Bretagne. Le Parlement a voté, en 2004, une loi interdisant cette pratique ancestrale, jugée cruelle et élitiste, malgré l'opposition de la Chambre des lords.

INFO CULTURELLE

Une espèce en voie de disparition ?

Les écureuils roux, qui peuplaient jadis les parcs londoniens, sont en voie d'extinction, écrasés par les écureuils gris, importés des États-Unis, qui ont proliféré. Espérons que cette espèce ne disparaîtra pas aussi de nos jardins !

Dans l'eau	**In the water**
baleine	whale
crapaud	toad
crevette	shrimp
dauphin	d**o**lphin
d'eau douce	fr**e**shwater
eau de mer	sea w**a**ter
grenouille	frog
homard	l**o**bster
huître	**oy**ster
langouste	cr**a**wfish
moule	m**u**ssel
phoque	seal
pieuvre	**o**ctopus
poisson	fish
requin	shark
saumon	s**a**lmon
truite	trout

La pêche au saumon

Les saumons qui viennent se reproduire dans les cours d'eau d'Irlande et d'Écosse sont parmi les plus réputés du monde. Dans ces deux pays, la pêche au saumon est bien plus qu'un sport, c'est une véritable institution nationale.

Dans les airs	**In the air**
aigle	eagle
colombe	dove
faucon	hawk
hirondelle	sw**a**llow
moineau	sp**a**rrow
oiseau	bird
pigeon	p**i**geon
perroquet	p**a**rrot

INFO CULTURELLE

L'aigle royal, emblème des États-Unis

Depuis 1782, l'aigle royal des grandes plaines, symbole de force et de courage, est devenu l'emblème des États-Unis et figure sur les pièces d'or et d'argent.

Les pigeons de Trafalgar Square

Nourrir les pigeons de Trafalgar Square fut pendant des années une des attractions favorites des touristes qui visitaient Londres. Malgré de nombreuses campagnes de protestation, il est maintenant interdit de nourrir ces animaux que la Ville tente de chasser au motif qu'ils nuisent à l'architecture de la place.

Au zoo	At the zoo
buffle	b**u**ffalo
chameau	c**a**mel
défense	tusk
girafe	gir**a**ffe
hippopotame	h**i**ppo(potamus)
jungle	jungle
lion	lion
singe	m**o**nkey
tigre	tiger
trompe	trunk
zèbre	z**e**bra

INFO CULTURELLE

Le massacre des bisons

Beaucoup de tribus indiennes des grandes plaines, aux États-Unis, dépendaient de la viande et de la peau des bisons, **buffalos**. Leur destruction fut à l'origine des grandes guerres indiennes de la fin du XIXe siècle.

Les animaux femelles	Female animals
biche	doe
brebis	ewe
chèvre	n**a**nny goat
chienne	bitch
jument	mare
lionne	l**i**oness
poule	hen
renarde	v**i**xen
tigresse	t**i**gress

Différencier le genre des animaux ?

Ne vous compliquez pas la vie ! Il est toujours possible d'adjoindre un pronom au nom. Chacun s'y retrouvera ! Par exemple, *une chienne* : **a she-dog**.

Les petits	Baby animals
agneau	lamb
chaton	kitten
chevreau	kid
chiot	puppy
faon	fawn
lionceau	cub
louveteau	cub
poulain	foal
porcelet	piglet
poussin	chick
veau	calf

Encore un pluriel irrégulier

- *un veau* : **a calf**
- *des veaux* : **calves**

Des expressions animalières

- **Waste one's time.**
  Peigner la giraffe.
- **Waddle.**
  Marcher en canard.
- **As strong as a horse**
  Fort comme un bœuf.
- **Play a dirty trick.**
  Jouer un tour de cochon.
- **What lousy weather!**
  Quel temps de chien !
- **Live like clover.**
  Vivre comme un coq en pâte.
- **A sharp tongue.**
  Une langue de vipère.

Les végétaux/Plants

Always do your best. What you plant now, you will harvest later.

Faites toujours de votre mieux. Ce que vous plantez maintenant, vous le récolterez plus tard.

Les arbres	Trees
bois	wood
bois de construction	timber
branche	branch
buisson	shrub
clairière	clearing
donner des fruits	bear fruit
écorce	bark
feuillage	foliage
feuille	leaf
fleurir	blossom
forêt	forest
fourré	thicket
pousse	sprout
racine	root
rameau	twig
rejet	shoot
sève	sap
tronc	trunk

Une poutre dans l'œil

- **He cannot see the forest for the trees.**
  Un arbre lui cache la forêt.

On dit aussi, de manière moins imagée :

- **He can't see the big picture.**
  Il ne voit que les détails et en oublie l'essentiel.

Les essences	Species
palmier	palm tree
vigne	vine
hêtre	beech
cyprès	cypress
cèdre	cedar
houx	holly
pin	pine tree
chêne	oak
orme	elm
peuplier	poplar
bouleau	birch

Au jardin	In the garden
abattre (un arbre)	fell / chop down
cultiver	cultivate
dessécher	dry up
engrais	fertilizer
entretenir	keep up, maintain
faire le jardin	garden
graine	seed
herbe	grass
herbe aromatique	herb
légume	vegetable
non traité	untreated
pelouse	lawn
pesticide	pesticide
planter	plant
plantes grasses	succulents
pousser / faire pousser	grow
poussière	dust
sécheresse	drought
semer	sow
sol	soil
tailler	prune

tisane	h**e**rbal tea
tondre la pelouse	mow the lawn
traiter	treat

Un passe-temps traditionnel…

Les Britanniques sont moins nombreux que les Français à vivre en appartement. Beaucoup ont un petit jardin qui fait l'objet de tous leurs soins. Les expositions de plantes, les magasins dédiés au jardinage, les salons d'horticulture sont les destinations favorites des week-ends en famille.

Les fleurs	Flowers
bouton	bud
bulbe	bulb
épine	thorn
se faner	fade
graine	seed
hortensia	h**y**drangea
lilas	l**i**lac
lys	l**i**ly
œillet	carn**a**tion
orchidée	**o**rchid
piquer	prickle
plante grasse	s**u**cculent
rose	rose
rosier	rose tree
tige	stem
vivace	perennial

Mettons les mots en ordre !

- **a garden flower** : *une fleur de jardin*
- **a flower garden** : *un jardin de fleurs*

À chacun son emblème

- Angleterre : la rose, depuis la guerre des Roses (1455-1485).
- Écosse : le chardon, qui symbolise la défense depuis le XVe siècle.
- Pays de Galles : la jonquille, que l'on porte le jour de la Saint-David (avec le poireau !).
- Irlande du Nord : le trèfle que saint Patrick utilisait pour expliquer la Trinité.

Les plantes sauvages	Wild plants
mauvaise herbe	weed
jungle	jungle
mousse	moss
herbe	grass
lierre	ivy
noix / noisette	nut
baie	berry
trèfle	clover
fougère	fern
chardon	thistle
champignon	mushroom
gui	misletoe
ortie	nettle
houx	holly
désherber	weed
bouton d'or	buttercup
trèfle	shamrock

Les quatre saisons

La langue anglaise compte de très nombreux proverbes liés aux plantes, signe de l'intérêt pour le jardin :

- **April showers bring May flowers.**
  Les averses d'avril apportent les fleurs de mai.
- **He that plants a tree plants for posterity.**
  Qui plante un arbre le plante pour la postérité.

Le temps qu'il fait/The weather

Sunshine is delicious; rain is refreshing; wind braces us up; and snow is exhilarating; there is no such thing as bad weather.

Le soleil, c'est délicieux ; la pluie, c'est rafraîchissant ; le vent, c'est tonique ; la neige c'est grisant ; le mauvais temps, ça n'existe pas.

John Ruskin

Un sujet inépuisable

Le temps qu'il fait est le premier sujet qu'un Britannique aborde avec toute personne qu'il rencontre :

- **Nice weather, isn't it?**
  Il fait beau, n'est-ce pas ?

Une règle importante : ne jamais contredire un Britannique sur ce sujet ! Et puis, s'il vous dit **Horrible weather, isn't it?**, n'en rajoutez pas, critiquer le temps est son privilège !

Le soleil	The sun
briller	shine
briller (soleil couchant)	glow
coucher du soleil	sunset
éclaircies	bright intervals
ensoleillé	sunny
lever du soleil	sunrise
soleil	sunshine

La météo

Comme chez nous, les prévisions météorologiques sont un rendez-vous quotidien important à la télévision, où l'on retrouve le personage familier du **weather presenter**, *présentateur météo* :

- **Here is the weather forecast.**
  Voici la météo.

Une phrase qu'on aime entendre à la BBC

- **Lots of sunshine and temperatures in the 70s.**
  Beaucoup de soleil et des températures au-dessus de 20 °C.

Little miss sunshine

Le mot **sun** fait référence à l'*astre solaire* ; le mot **sunshine** fait référence à son *rayonnement.*

Le ciel	The sky
brillant	bright
briller	shine
brouillard	fog
brume	mist
brume légère	haze
brumeux	foggy, misty, hazy
clair	clear
couvert	overcast
dégagé	fair
gris	dull
nuage	cloud
nuageux	cloudy

Soyez optimiste !

Le proverbe **Every cloud has a silver lining**, qui signifie littéralement *Tous les nuages ont une doublure d'argent*, se traduirait approximativement par *Il faut toujours voir le bon côté des choses.*

La température	Temperature
baisser	drop
brûlant	sc**o**rching
chaleur	heat
chaud	warm
doux	mild
étouffant	st**i**fling
frais	ch**i**lly
froid	cold
gelant	fr**ee**zing
moyenne	**a**verage
très chaud	hot
vigilance	watch

Hot ou warm ?

Les deux mots veulent dire *chaud*, mais **warm** a une connotation agréable, tandis que **hot** implique une trop grosse chaleur. Mais tout est question d'appréciation personnelle – et d'expérience. Là où un Anglais vous dira **It's so hot!**, peut-être aurez-vous juste une impression de douce chaleur.

La pluie et la neige	Rain and snow
arc-en-ciel	r**ai**nbow
averse	sh**o**wer
brouillard	fog
bruine	drizzle
bruine (il y a de la)	drizzly (it's)
chute de neige	sn**o**wfall
flocon de neige	sn**o**wflake
fondre	melt
geler	freeze
givre	frost
givré	fr**o**sty
glace	ice
goutte de pluie	r**ai**ndrop
grêle	hail
grêlon	h**ai**lstone
humide	damp
humide (mouillé)	wet
inondation	fl**oo**ding
neige / neiger	snow
neigeux	sn**o**wy
pleuvoir à verse	pour with rain
pluvieux	r**ai**ny
verglas	black ice

N'OUBLIEZ PAS !

En France, il pleut parfois « des cordes », mais en Grande-Bretagne, comme chacun sait, on aime les animaux…

- **It's raining cats and dogs.**
  Il pleut des chats et des chiens.

Il pleut, il vente...

On peut définir le temps avec des adjectifs qui font référence aux différents éléments du climat :

- **It's windy.**
  Il fait du vent.
- **It's snowy.**
  C'est un temps de neige.
- **It's breezy.**
  Il y a de la brise.
- **It's stormy.**
  Il fait un temps de tempête.
- **It's thundery.**
  Il fait orageux.
- **It's rainy.**
  Il fait un temps pluvieux.
- **It's foggy.**
  Il fait du brouillard.

Le vent	Wind
abasourdi	thunderstruck
brise	breeze
éclair	flash of lightning
orage	thunder storm
ouragan	hurricane
tempête	storm
tonnerre	thunder
tornade	tornado
tourbillon	whirlwind
typhon	typhoon
vent (il fait du)	windy (it's)

Les matières naturelles/ Natural matters

A diamond is a chunk of coal that is made good under pressure.

Un diamant n'est qu'un morceau de charbon bonifié sous la pression.

Henry Kissinger

Les roches	Rocks
ardoise	slate
argile	clay
charbon	coal
craie	chalk
dur	hard
galet	pebble
pierre	stone
pierre précieuse	gemstone
pierreux	stony
silex	flint
tourbe	peat
rocheux	rocky
poussière	dust
s'effriter	crumble

Comme des pierres

- **We live just a stone's throw away from here.**
  Nous habitons à un jet de pierre d'ici.
- **He has a heart of stone.**
  Il a un cœur de pierre.
- **I had to kill two birds with one stone.**
  Littéralement : *J'ai dû tuer deux oiseaux avec une seule pierre* (c'est-à-dire *J'ai dû résoudre les deux problèmes à la fois*).
- **A rolling stone gathers no moss.**
  Pierre qui roule n'amasse pas mousse.

Un dicton d'enfant bien peu fiable

- **Sticks and stones may break my bones but words will never hurt me.**
  Bâtons et pierres pourront me briser les os mais jamais des mots ne me blesseront.

Les métaux	Metals
acier	steel
argent	s**i**lver
chercheur d'or	gold s**ee**ker
cristal de roche	cr**y**stal rock
cuivre	c**o**pper
fer	**i**ron
fer forgé	wrought **i**ron
fonte	c**a**stiron
inox	st**ai**nless steel
minerai	ore
or	gold
rouille	rust
tôle ondulée	corrug**a**ted **i**ron

La ruée vers l'or – the Gold Rush

Lorsque, en 1848, James W. Marshall découvrit de l'or en Californie, la nouvelle se répandit dans le monde entier comme une traînée de poudre. En deux ans, San Francisco passa de 1 000 à 25 000 habitants – une ruée vers l'or unique dans l'histoire.

Les liquides	**Liquids**
bulle	bubble
condenser	condense
couler	flow
couler en filet	trickle
déborder	**o**verflow
dissoudre	diss**o**lve
goutte	drop
jaillir	gush
renverser	spill

Annexe

Les verbes irréguliers

base verbale	prétérit	participe passé	*traduction*
arise	arose	arisen	*s'élever*
awake	awoke	awoken	*(se) réveiller*
be	was	been	*être*
bear	bore	borne	*supporter*
beat	beat	beaten	*battre*
become	became	become	*devenir*
begin	began	begun	*commencer*
bend	bent	bent	*(se) courber*
bet	bet	bet	*parier*
bind	bound	bound	*lier*
bite	bit	bitten	*mordre*
bleed	bled	bled	*saigner*
blow	blew	blown	*souffler*
break	broke	broken	*casser*
breed	bred	bred	*donner naissance, élever*
bring	brought	brought	*apporter*
broadcast	broadcast	broadcast	*transmettre*
build	built	built	*construire*
burn	burnt / burned	burnt / burned	*brûler*
burst	burst	burst	*éclater*
buy	bought	bought	*acheter*
cast	cast	cast	*jeter, projeter*
catch	caught	caught	*attraper*

base verbale	prétérit	participe passé	*traduction*
choose	chose	chosen	*choisir*
come	came	come	*venir*
cost	cost	cost	*coûter*
cut	cut	cut	*couper*
deal	dealt	dealt	*distribuer*
dig	dug	dug	*creuser*
do	did	done	*faire*
draw	drew	drawn	*dessiner*
dream	dreamt / dreamed	dreamt / dreamed	*rêver*
drink	drank	drunk	*boire*
drive	drove	driven	*conduire*
eat	ate	eaten	*manger*
fall	fell	fallen	*tomber*
feed	fed	fed	*nourrir*
feel	felt	felt	*sentir*
fight	fought	fought	*combattre*
find	found	found	*trouver*
flee	fled	fled	*fuir*
fling	flung	flung	*lancer*
fly	flew	flown	*voler*
forbid	forbade	forbidden	*interdire*
forget	forgot	forgotten	*oublier*
forgive	forgave	forgiven	*pardonner*
freeze	froze	frozen	*geler*
get	got	got	*obtenir*
give	gave	given	*donner*
go	went	gone	*aller*
grow	grew	grown	*pousser*
hang	hung	hung	*pendre*
have	had	had	*avoir*
hear	heard	heard	*entendre*
hide	hid	hidden	*cacher*
hit	hit	hit	*frapper*

base verbale	prétérit	participe passé	*traduction*
hold	held	held	*tenir*
hurt	hurt	hurt	*faire mal*
keep	kept	kept	*garder*
kneel	knelt	knelt	*s'agenouiller*
know	knew	known	*savoir*
lay	laid	laid	*placer*
lead	led	led	*conduire*
lean	leant / leaned	leant / leaned	*s'appuyer*
leap	leapt/leaped	leapt/leaped	*sauter*
learn	learnt / learned	learnt / learned	*apprendre*
leave	left	left	*quitter*
lend	lent	lent	*prêter*
let	let	let	*laisser*
lie	lay	lain	*être couché*
light	lit / lighted	lit / lighted	*allumer*
lose	lost	lost	*perdre*
make	made	made	*faire*
mean	meant	meant	*vouloir dire*
meet	met	met	*rencontrer*
mow	mowed	mown	*tondre*
pay	paid	paid	*payer*
put	put	put	*mettre*
read	read	read	*lire*
ride	rode	ridden	*aller (à cheval ou à bicyclette)*
ring	rang	rung	*sonner*
rise	rose	risen	*se lever*
run	ran	run	*courir*
saw	sawed	sawn	*scier*
say	said	said	*dire*
see	saw	seen	*voir*
seek	sought	sought	*chercher*

base verbale	prétérit	participe passé	*traduction*
sell	sold	sold	*vendre*
send	sent	sent	*envoyer*
set	set	set	*placer*
sew	sewed	sewn	*coudre*
shake	shook	shaken	*secouer*
shine	shone	shone	*briller*
shoot	shot	shot	*tirer*
show	showed	shown	*montrer*
shrink	shrank	shrunk	*rétrécir*
shut	shut	shut	*fermer*
sing	sang	sung	*chanter*
sink	sank	sunk	*(s') enfoncer*
sit	sat	sat	*(s') asseoir*
sleep	slept	slept	*dormir*
slide	slid	slid	*glisser*
smell	smelt / smelled	smelt / smelled	*sentir*
speak	spoke	spoken	*parler*
speed	sped / speeded	sped/ speeded	*se presser*
spell	spelt / spelled	spelt / spelled	*épeler*
spend	spent	spent	*dépenser*
spit	spat	spat	*cracher*
split	split	split	*diviser*
spoil	spoilt/ spoiled	spoilt/spoiled	*abîmer, gâter (un enfant)*
spread	spread	spread	*étaler*
spring	sprang	sprung	*jaillir*
stand	stood	stood	*être debout*
steal	stole	stolen	*voler*
stick	stuck	stuck	*coller*
sting	stung	stung	*piquer*

base verbale	prétérit	participe passé	*traduction*
stink	stank	stunk	*sentir mauvais*
stride	strode	stridden	*marcher*
strike	struck	struck	*frapper*
swear	swore	sworn	*jurer*
sweep	swept	swept	*balayer*
swim	swam	swum	*nager*
take	took	taken	*prendre*
teach	taught	taught	*enseigner*
tear	tore	torn	*déchirer*
tell	told	told	*dire*
think	thought	thought	*penser*
throw	threw	thrown	*jeter*
understand	understood	understood	*omprendre*
upset	upset	upset	*troubler*
wake	woke	woken	*réveiller*
wear	wore	worn	*porter*
weep	wept	wept	*pleurer*
win	won	won	*gagner*
write	wrote	written	*écrire*